Doris Reichel

Ferienimmobilien in Italien

Erwerb, Besitz, Verkauf und Steuern

8. Auflage 2021

8., überarbeitete und aktualisierte Auflage 2021
ISBN 978-3-9805252-1-3
© DSA – Deutsche Schutzvereinigung Auslandsimmobilien e. V. Freiburg im
Breisgau 2021

Titelfoto: Luca Micheli/unsplash.com
Satz: MetaLexis, Niedernhausen
Druck: Jungbluth Digital + Print, Freiburg

Inhaltsverzeichnis

I. Allgemeines

1. Italien fasziniert

Italien fasziniert, und dies seit Generationen. Von Goethe über Rilke bis Heine, von den Anfängen des „Massentourismus" nach dem Zweiten Weltkrieg bis hin zu dem heute in der Beliebtheit steigenden „sanften Tourismus". Die Vorlieben haben sich geändert, nur eine nicht: die Sehnsucht nach Italien.

Ob Berge, Seen oder das Meer, Rummel oder Ruhe, Kultur oder Genuss, oder auch Verbindungen hiervon: In Italien kann jeder das finden, was seinem Geschmack entspricht. Und viele kehren immer wieder in ihre Lieblingsregionen oder an ihren Lieblingsort zurück. Dann ergeben sich Bekanntschaften, Freundschaften, und es entsteht der Wunsch, Land und Leute besser kennen zu lernen. Hierfür gilt es nicht nur sprachliche Barrieren abzubauen, sondern auch die Geografie und Geschichte Italiens zu verstehen, die prägend sind für die Menschen und die Kultur.

Geografisch ist Italien gekennzeichnet von Meer, Seen, Flüssen und Gebirgen. An der Westküste zieht sich von Norden nach Süden die Riviera bis zum Golf von Neapel in Kampanien, während sich die Ostküste, als italienische Adriaküste bezeichnet, als Längsachse durchzieht.

Italien hat eine Gesamteinwohnerzahl von ca. 60 Millionen Menschen. Hiervon leben als Auswirkung der in den 50er Jahren stattgefundenen Landflucht annähernd 70 % in den Städten. Wenig bekannt ist, dass es in Italien fünf Amtssprachen gibt, neben Italienisch, gibt es Deutsch (in Südtirol), Französisch (im Aostatal), Ladinisch (im Grödnertal) und Slowenisch (im Friaul). Daneben gibt es noch zahlreiche Minderheitensprachen, die zwar nicht Amtssprache sind, jedoch unter besonderem Schutz der italienischen Verfassung stehen, darunter zum Beispiel Kroatisch, Albanisch und Griechisch. Nicht zu vergessen ist das auf Sardinien gesprochene Sardisch, welches kein Dialekt ist, sondern eine eigene Sprache.

Die Kultur spielte und spielt in Italien eine große Rolle. Insbesondere auf dem Gebiet der Architektur, Malerei und Bildhauerei brachte das Land viele bedeutende Künstler und bekannte Werke hervor. Zu nennen wären hier neben vielen anderen Michelangelo, Leonardo da Vinci und Botticelli. Auch auf dem Gebiet der Musik, insbesondere der Oper, brachte Italien viele bekannte Künstler und Komponisten hervor wie Verdi, Rossini, Vivaldi und viele mehr.

Nicht nur auf dem Gebiet der Kunst, sondern auch auf dem Gebiet des Sports spielt Italien traditionell eine wichtige Rolle. Der Sport, insbesondere der Fußball, ist aus dem Leben der Italiener nicht wegzudenken. Zu den bekanntesten und national sowie international erfolgreichsten Fußballmannschaften zählen Juventus Turin, Inter Mailand, AC Mailand, AS Rom und Lazio Rom.

Andere Sportarten, die sich großer Beliebtheit erfreuen, sind der Motorsport sowie der Radsport. Italien ist eine Radsportnation, der Giro d'Italia ist neben der Tour de France das bedeutendste Radrennen der Welt. Zu den Größen des italienischen Radsports gehören neben den Radsportlegenden Fausto Coppi und Gino Bartali auch Mario Cipollini sowie der unter tragischen Umständen verstorbene Mario Pantani. Nicht erst seit den Erfolgen von Michael Schumacher ist die Begeisterung der Italiener für die Scuderia Ferrari allgemein bekannt. Siege von Ferrari bringen hier auch schon mal die Kirchenglocken zum Läuten. Hierbei scheint es keine große Bedeutung zu haben, wer in dem siegreichen Ferrari sitzt, Hauptsache ist, das Auto gewinnt. Ferrari ist eine Marke, mit der sich die Italiener identifizieren.

Vielseitig wie Italien ist, ist es nicht nur das Land der Kunst und des Sports, sondern auch das Land der Mode. Italienische Designer, italienische Schuhe, italienische Designermöbel, überhaupt der italienische Geschmack, stehen international in hohem Ansehen. Die italienischen Modenschauen, insbesondere die von Mailand, sind richtungsweisend für die Modeentwicklung. Armani, Gucci, Dolce & Gabbana und Valentino seien hier nur beispielhaft angeführt für die Vielzahl und Vielseitigkeit italienischer Modemacher.

Neben dem Rundfunk, der sich bei den Italienern großer Beliebtheit erfüllt, sind die wichtigsten Informationsquellen die Zeitung und das Fernsehen. Neben der „La Gazzetta dello Sport" sind die wichtigsten Tageszeitungen die „La Repubblica" aus Rom und der „Corriere della Sera" aus Mailand. Bei den Fernsehsendern kann man unterscheiden zwischen den staatlichen RAI sowie vielen privaten Sendern, unter denen als bekannteste zu nennen wären Italia 1, Canale 5 und Rete 4.

In keinem anderen Land der Welt gibt es eine solche hohe Konzentration an Kulturgütern wie in Italien. Aufgrund seiner Vielfältigkeit, gekennzeichnet durch die Unterschiedlichkeit der Mentalitäten und den damit verbundenen Gegensatz von Nord- und Süditalienern, seiner weltweit gerühmten Kochkunst, seines vielfältigen Weinangebotes auf höchstem Niveau, seiner geografischen Vielfältigkeit ist es nicht verwunderlich, dass es gerade auf die Menschen in anderen Ländern eine magnetische Anziehung hat. Hinzu kommt das allgemein bewunderte lockere, fröhliche und selbstbewusste Auftreten der Italiener, verbunden mit der ihnen eigenen Art sich elegant zu kleiden. Diese Anziehungskraft, die Italien auf ausländische Bürger ausübt, verliert meist auch dann nicht ihre Kraft, wenn man sich als Ausländer mit der italienischen Bürokratie herumzuschlagen hat. Dies nimmt man in Kauf, wenn man sich entschlossen hat, sich im Land seiner Träume eine dauerhafte Bleibe zu kaufen und dies in die Realität umsetzt.

2.   Der Traum von einer Ferienimmobilie in Italien

Wer Italien kennt, insbesondere dessen gute Seiten, wird immer wieder von diesem Land angezogen. Wer lässt sich nicht gerne von der Lässigkeit des Umgangs der Menschen mit- und untereinander faszinieren? Wer ist nicht von der italienischen Küche angetan, die nicht nur aus Pizza und Spaghetti besteht, sondern zu der jede Region ihren eigenen Beitrag an Spezialitäten beisteuert?

Dann ist auch der Gedanke nicht mehr weit, sich vielleicht irgendwann einmal ganz in Italien niederzulassen. Durchaus realistisch ist diese Möglichkeit besonders dann, wenn man das Berufsleben schon bald hinter sich lassen kann.

Damit aber Träume wahr werden können, nämlich der Traum von den eigenen vier Wänden in Italien, und um zu zeigen, wie sich dieser Traum verwirklichen lässt, sollen dem interessierten Leser Anleitungen an die Hand gegeben werden. Dieses Buch soll daher die einzelnen Schritte, die bei einem Kauf zu beachten sind, beschreiben, wobei auf ganz spezifische italienische Probleme hingewiesen werden soll. Noch Unentschlossenen soll dieses Buch eine Hilfe bei der Suche nach einer Entscheidung sein. Damit aber der Traum vom eigenen Ferienhäuschen oder vom eigenen Appartement nicht zum Alptraum wird, weil von vornherein einfach einige Spielregeln nicht beachtet wurden, wenn auch nur aus purer Unwissenheit, soll die vorliegende Publikation dem interessierten Käufer das Rüstzeug für den Kauf mit auf den Weg geben.

Wie sich daher der Traum von den eigenen vier Wänden in Italien realisieren lässt und welche Hindernisse es insbesondere zu umschiffen gilt, soll ausführlich besprochen werden. Ein großer Teil dieses Buches wird auf die „Gefahren" aufmerksam machen, die das Glück über die Realisierung des Traums vom eigenen Häuschen oder Appartement schnell ins Gegenteil verwandeln können. Es werden Hinweise gegeben, wo „der Hase im Pfeffer" liegen könnte. Wer sich aber nicht von der Freude vollkommen überrollen lässt, das Traumdomizil am Ferienort gefunden zu haben, sondern mit nüchternem Verstand den Erwerb betreibt, wird sicherlich gleich von Anfang an viel Freude daran haben, endlich am ersehnten Ferienort ein Appartement oder gar ein Häuschen sein eigen nennen zu können. Ganz zu schweigen von dem Ärger und den Kosten, die man sich ersparen kann, wenn die Sache mit Besonnenheit und Überlegung angepackt wird. Die Thematik der Steuern im Zusammenhang mit dem privaten Immobilienkauf wird zwar im Kapitel Steuern vom Grundsatz her beschrieben. Allerdings sollte aufgrund der häufigen steuerlichen Änderungen und der an sich schon komplexen Materie, im Zeitpunkt des beabsichtigten Immobilienkaufs unbedingt die aktuelle Steuersituation recherchiert werden.

3. Wie soll das eigene Feriendomizil aussehen?

Hierbei sind wiederum persönliche Situationen, Wünsche, Vorstellungen und nicht zuletzt die finanziellen Mittel ausschlaggebend. Eine vierköpfige Familie, die sich ein Einzimmerappartement in einem Wohnblock kauft, wird wohl in ihrer Bewegungsfreiheit ziemlich eingeschränkt sein. Dies kann besonders dann unangenehm werden, wenn in der Zeit, in der man am Ferienort verweilt, gerade schlechtes Wetter ist, und es insbesondere mit kleineren Kindern keine Ausweichmöglichkeiten gibt. Das heißt, man muss entweder von vornherein darauf achten, dass es in der näheren Umgebung Möglichkeiten zur Freizeitgestaltung bei Schlechtwetterperioden vorhanden sind, um nicht auf engem Raum, ohne Bewegungsfreiheit, den Urlaub verbringen zu müssen.

Will jemand unbedingt seinen Traum vom Ferienhaus mit dazugehörigem Grundstück verwirklichen, so gilt es zu bedenken, dass, wenn das Grundstück vom Vorbesitzer noch bewirtschaftet wurde, sich möglicherweise jemand um die Olivenbäume, Obstbäume und Rebstöcke etc. kümmern sollte, damit nicht alles verwildert.

Auch hier ist vorab die Überlegung anzustellen, ob man selbst Hand anlegen kann oder möchte oder wer gegebenenfalls diese Arbeiten verrichten könnte, während man selbst im fernen Norden weilt. Möglich ist aber auch, dass man kein Interesse und keine Lust an derartigen Arbeiten hat, weil der Urlaubsort nur der Erholung dienen soll. Zwar ist auch eine Verpachtung der landwirtschaftlichen Nutzflächen an interessierte Einheimische (beispielsweise Nachbarn) denkbar. Allerdings sollte man sich über die rechtlichen Folgen solcher Absprachen vorher informieren.

Für einen Ausländer spielt sicherlich auch die Erreichbarkeit des Feriendomizils eine Rolle. Schon aus Kosten- und Zeitgründen ist es günstiger, wenn das Ferienziel vom Heimatort schnell und direkt erreichbar ist.

4. Situation eines Ausländers

Eine der ersten Fragen, die sich der interessierte Leser, der entschlossen ist, sich eine Immobilie zu kaufen, möglicherweise stellt, ist die, ob Ausländer irgendwelchen Beschränkungen beim Immobilienerwerb in Italien unterliegen.

Die Grundsatzregelung hierzu ergibt sich aus Art. 16 der italienischen Vorgesetze und beruht auf dem Prinzip der sog. Gegenseitigkeit (oder auch Wechselseitigkeit genannt). Danach können Ausländer grundsätzlich in Italien Immobilienbesitz erwerben, Gesellschaften gründen und führen, und zwar mit den gleichen Rechten, wie sie auch italienische Staatsbürger haben, sofern keine spezialgesetzlichen Einschränkungen vorliegen oder das sogenannte Prinzip der Gegenseitigkeit dies verbietet. Das Prinzip der Gegenseitigkeit beruht darauf, dass dem ausländischen Staatsbürger grundsätzlich nur das zugebilligt wird, was im umgekehrten Falle der Heimatstaat dem italienischen Bürger an Rechten zubilligen würde. Die zugebilligten Rechte sind dabei zivilrechtlicher und zivilprozessrechtlicher, aber nicht politischer Natur. Was den Immobilienerwerb durch Deutsche bzw. Europäer der EU in Italien anbelangt, so ist zunächst einmal von der Gegenseitigkeit schon aufgrund der Europäischen Union auszugehen. Demnach gibt es für natürliche Personen beim Immobilienerwerb grundsätzlich keine Beschränkungen. Das angesprochene Prinzip der Gegenseitigkeit muss gerade bei nichteuropäischen Grundstückerwerbern beachtet werden. Insbesondere bei Schweizer Kaufinteressenten, die als direkter Nachbar zu Italien teilweise das Glück von kurzen Anreisewegen haben, gibt es die Beschränkung, dass ein nicht in Italien ansässiger Schweizer lediglich eine Grundstücksgröße bis 1000 m2 erwerben kann und eine Wohnimmobilie bis zu einer Größe von 200 m2. Bei allen anderen Immobilien, die größenmäßig darüber liegen, müsste im Einzelfall geprüft werden, auf welche Art auch ein Schweizer Bürger seinen Traum verwirklichen kann. In der Regel gibt es auch hierzu Lösungen, ohne in eine Steuerfalle zu laufen. Die derzeit praktikabelste ist die Gründung einer einfachen bürgerlichen Gesellschaft, sofern auch hier die Voraussetzungen gegeben sind. Das dürfte daher eher bei Objekten zur landwirtschaftlichen Nutzung der Fall sein.

Nachfolgend soll der Ablauf eines Immobilienerwerbs mit seinen spezifisch italienischen Besonderheiten dargestellt werden. Es wird dabei besonders auf die Verträge eingegangen, die hierbei üblicherweise abgeschlossen werden. Schon vorweg soll erwähnt werden, dass grundsätzlich nicht nur ein Vertrag, nämlich der vor dem Notar, abgeschlossen wird, sondern der dem Notarvertrag vorausgehende Vorvertrag. Dieser enthält die wichtigsten Regelungen zwischen den Parteien. Warum dies so ist, wird in den nachfolgenden Kapiteln ausführlich dargestellt werden.

Außerdem soll das vorliegende Buch eine Reihe von möglichen Problemen ansprechen, mit denen sich ein Käufer beim Kauf einer Immobilie in Italien konfrontiert sehen könnte. Dieses Buch ist als kleine Anleitung gedacht, das den Käufer durch das italienische Immobilienrecht führen soll. Umgekehrt kann die Lektüre des Buches aber auch dazu führen, dass jemand seinen Entschluss, zu kaufen, nochmals überdenkt, weil das begehrte Objekt gerade besonders problematisch ist und der Kauf nicht risikofrei ist. Somit kann man sich nach Alternativobjekten umschauen, deren Erwerb unproblematisch ist.

II. Der Kauf einer Ferienimmobilie

1. Allgemeines

Es sollen insbesondere drei Möglichkeiten des Immobilienerwerbs dargestellt werden:
(a) der Erwerb eines Ferienapartments,
(b) der Erwerb eines Ferienhauses mit Grundstück,
(c) der Erwerb eines sich bereits im Bau befindlichen Hauses mit Grundstück bzw. eines Grundstücks.

Bevor jedoch diese einzelnen Immobilientypen von allen Seiten durchleuchtet werden, soll zunächst einmal dargestellt werden, was bei der Abwicklung eines Immobilienkaufs für alle Typen gleich sein dürfte. Es handelt sich hierbei um die vertragliche Abwicklung. Zum besseren Verständnis soll auf bestehende Unterschiede zum deutschen Recht hingewiesen werden.

Die grundlegendste Differenz zwischen dem deutschen und dem italienischen Grundstücksrecht liegt darin, dass in Italien ein Immobilienkauf bzw. Immobilienverkauf vertraglich zunächst in einem Vorvertrag (*contratto preliminare*) festgelegt wird. Haben sich ein Käufer und ein Verkäufer gefunden und sich neben sämtliche Einzelheiten, vor allem über das wesentlichste Vertragselement Kaufpreis (*prezzo di vendita*) geeinigt, wird nicht sogleich ein Termin beim Notar vereinbart, um das Geschäft zu perfektionieren. Zwar spielt der Notar beim Immobilienkauf ebenfalls eine wichtige Rolle, allerdings erst zu einem späteren Zeitpunkt. Die Rolle des Notars, der den Vertrag abfasst, mit dem das Eigentum an einer Immobilie übertragen wird, ist der krönende Abschluss, nachdem sich die Vertragsparteien vorvertraglich in allen Einzelheiten geeinigt haben und die Voraussetzungen aus diesem Vorvertrag für die notarielle Abwicklung vorliegen. Warum dieser Ablauf in dieser Weise erfolgt, ergibt sich aus den nachfolgenden Seiten.

Der Grundstückserwerb nach italienischem Recht lässt sich, kurz zusammengefasst, in drei Stufen einteilen:
(a) Die Parteien schließen in der Regel einen Vorvertrag ab, der zwar nicht zwingend vorgeschrieben ist, aber aufgrund seiner besonderen Bedeutung und Wichtigkeit in der Regel von den Parteien gewollt und auf jeden Fall zweckmäßig ist.
Rechtlich stellt der Vorvertrag eine schuldrechtliche Bindung zwischen den Parteien dar. Die Parteien verpflichten bzw. versprechen gegenseitig, den späteren Kaufvertrag abzuschließen, mit dem das Eigentum an der Immobilie auf den Erwerber übergeht. Der Käufer verspricht,

die Immobilie zu kaufen und zu bezahlen, während der Verkäufer verspricht, das Eigentum an der Immobilie zu übertragen und den vereinbarten Kaufpreis zu akzeptieren.

(b) Der Eigentumsübertragungsvertrag über das Grundstück (der regelmäßig vor dem Notar erfolgt) (*atto di compravendita,* oder umgangssprachlich auch *rogito* genannt) erfolgt nach Ablauf eines bestimmten Zeitraumes, den die Parteien vorvertraglich vereinbart haben. In dieser Zeit wird jede der Parteien die für sie wichtigen Vorkehrungen, die auf den notariellen Kaufvertrag abzielen, treffen. Vorvertragliche Verpflichtungen, die eingegangen wurden, sind in der Regel bis zum Notartermin zu erfüllen, da deren Erfüllung die Voraussetzung ist, um überhaupt zum Abschluss des Notarvertrages zu gelangen. Der Unterschied zum deutschen Recht liegt darin, dass mit der Unterschrift unter den notariellen Kaufvertrag in Italien das Eigentum an der Immobilie direkt übergeht, während nach deutschem Recht erst die Eintragung ins Grundbuch das Eigentum konstituiert.

(c) In der dritten und letzten Stufe des Immobilienerwerbs wird der notarielle Vertrag bei den verschiedenen Registern eingetragen, um den Erwerb im Rechtsverkehr nach außen publik zu machen. Rechtlich gesehen haben diese Eintragungen nur deklaratorischen Charakter. Die Eintragung schützt jedoch den Erwerber vor einem gutgläubigen Erwerb durch Dritte, d. h. es sind die Fälle, in denen der Verkäufer versuchen sollte, die Immobilie nochmals zu verkaufen.

2. Vorvertrag (*contratto preliminare* oder umgangssprachlich *compromesso* genannt)

2.1. Allgemeines

Es handelt sich um einen rechtsverbindlichen privatschriftlichen Vertrag, der in der Regel sämtliche Vertragselemente behandelt und zu dem Zweck abgeschlossen wird, die Parteien zu binden und zu verpflichten, den eigentlichen notariellen Kaufvertrag, mit dem erst das Eigentum an der Immobilie auf den Erwerber übertragen wird, zu den im Vorvertrag enthaltenen Bedingungen abzuschließen. Es handelt sich somit um einen verpflichtenden Vertrag. Die Vertragsparteien versprechen sich gegenseitig, den eigentlichen Kaufvertrag, mit dem der Eigentumswechsel stattfindet, zu einem späteren Zeitpunkt abzuschließen. Der Vorvertrag kann eine Vielzahl an Vertragsklauseln enthalten, wie aufschiebende Bedingungen, die erfüllt sein müssen, bevor man zum Notar geht.

Wegen der engen Bindung zum Hauptvertrag ist der Vorvertrag in der gleichen Form abzuschließen wie vom Gesetzgeber für den endgültigen Vertrag vorgeschrieben. Das ist nach Art. 1350, 1351 des italienischen Bürgerlichen Gesetzbuches (Codice Civile = c.c.) die Schriftform. Somit erfüllt auch ein privatschriftlicher Vorvertrag, der ohne notarielle Beteiligung geschlossen wurde, dieses Erfordernis.

2.2. Abschluss des Vorvertrages durch einen Vertreter

Zu erwähnen ist, dass sich die Parteien beim Abschluss des Vorvertrages auch vertreten lassen können. Erforderlich ist, dass der Vertreter mit einer schriftlichen Vollmacht ausgestattet ist. Der deutsche Erwerber, der einen Vertreter mit dieser Aufgabe betrauen möchte, kann zwar eine deutsche Vollmacht erteilen, sie muss jedoch ins Italienische übersetzt werden. Die Echtheit der Unterschrift des Vertretenen muss nachgewiesen werden. Dies geschieht dadurch, dass die Vollmacht vor einem deutschen Notar unterschrieben wird, der die Echtheit der Unterschrift beglaubigt.

Der Text der Vollmacht einschließlich des Beglaubigungsvermerks des Notars ist ins Italienische zu übersetzen. Erforderlichenfalls muss diese Übersetzung durch einen vereidigten Übersetzer wiederum beglaubigt werden.

2.3. Inhalt des Vorvertrages

Inhaltlich ist der Vorvertrag nur teilweise deckungsgleich mit dem Inhalt des notariellen Vertrages, denn es handelt sich um unterschiedliche Verträge mit unterschiedlichen Auswirkungen.

Die wesentlichen Bestandteile eines Vorvertrages sind üblicherweise folgende, wobei es hierbei nicht um eine abschließende Liste handelt:
- Bezeichnung der Parteien unter Angabe der persönlichen Daten wie Geburtsdatum und Geburtsort, Wohnort, Familienstand und wenn verheiratet, der Güterstand;
- Beschreibung der Immobilie (Gemeinde, Anschrift, Lage, Stockwerk);
- Beschreibung eventuell noch vorhandener Baumängel und wie diese zu beheben sind;
- Kaufpreis und dessen Zahlungsmodalitäten;
- Anzahlung auf Kaufpreis (*caparra* oder *acconto*);
- Zeitpunkt der der Übertragung des Eigentums und Festlegung der Einberufung zum Notartermin;
- Mögliche Vertragsstrafe im Falle der Überschreitung von Fristen;

- Bezugnahme sofern erforderlich, auf die Kondominialsordnung (Satzung der Eigentümergemeinschaft) beim Erwerb von Wohnungseigentum (Kondominium);
- Regelung über die Kosten und Steuern, die im Zusammenhang mit dem Abschluss des Vertrages entstehen, bzw. eine Klausel, dass und wie Altlasten beglichen worden sind;
- Erklärungen über Haftung und Garantien, dass die Immobilie den gesetzlichen Bestimmungen entspricht (Vorliegen der Baugenehmigung);
- Lastenfreiheit von Rechten Dritter (z. B. Hypotheken, Nießbrauch, Dienstbarkeit);
- Bestätigung, dass keine alten Steuerschulden auf der Immobilie lasten;
- Weitere spezielle Vereinbarungen zwischen den Parteien, besondere Zusagen durch den Verkäufer, entsprechend der individuellen Situation.

Besonderheiten, die vertraglich besonders zu berücksichtigen sind, können sich im Falle des Erwerbs eines Grundstücks mit einem noch im Bau befindlichen Haus ergeben. Denn der Erwerber weiß nicht, ob sein Vorgänger den bisher errichteten Bau gemäß den gesetzlichen Bestimmungen und in Übereinstimmung sämtlicher Genehmigungen gebaut hat. Nicht gänzlich auszuschließen ist, dass zwar ganz oder teilweise baurechtswidrig vom Voreigentümer gebaut wurde, aber letzterer einen Antrag auf *sanatoria* gestellt hat. Das ist ein vom Gesetzgeber zur Verfügung gestelltes Instrumentarium, um eine nachträgliche Genehmigung unter bestimmten Voraussetzungen zu erhalten.

2.4. Errichtung des Vorvertrages durch einen Makler

Ein Ausländer, der an dem von ihm ausgewählten Ferienort selbst die Suche nach einer Ferienwohnung in die Hand nehmen möchte, muss sich unter Umständen auf eine lange und schwierige Suche einstellen. Noch schwieriger gestaltet es sich, wenn der Italienliebhaber die italienische Sprache kaum oder gar nicht beherrscht. Eine Möglichkeit besteht darin, dass sich jemand einen ersten Überblick über das Angebot an Immobilien in der von ihm bevorzugten Gegend verschafft, indem nach Schildern mit der fettgedruckten Überschrift *vendesi* mit Kurzbeschreibung der Immobilie Ausschau gehalten wird. Bereits diesen Schildern kann teilweise entnommen werden, ob die Immobilie über einen Makler vermittelt wird oder es sich um einen Privatverkauf handelt. Um sich über das Angebot von Immobilien in Italien zu unterrichten, ist natürlich heute das Internet das beste Vehikel überhaupt. Die wichtigsten Portale, die einen Überblick über den Immobilienmarkt geben, sind:

Casa.it, Trovocasa.corriere.it, attico.it, tuttocasa.it und prendicasa.it. Engel & Völkers, wikicasa.it, cercacasa.it, spazioaste.it,

Hat sich ein Kaufinteressent dafür entschieden, die Hilfe eines Immobilienmaklers in Anspruch zu nehmen, um sich dessen professioneller Hilfe bei der Wohnungssuche zu versichern, sollte mit dem Makler zunächst einmal geklärt werden, wie hoch seine Maklerprovision ist, falls es zum Vorvertragsabschluss kommt und vor allem auch, wann diese Provision zu bezahlen ist. Laut Gesetz hat der Makler mit Abschluss des Vorvertrages einen Anspruch auf die Provision gemäß Art. 1755 c.c.

Hat sich ein Interessent bereits für eine Immobilie entschieden und auch herausbekommen, wer der Eigentümer ist, taucht oftmals die Idee auf, das Geschäft doch lieber direkt mit dem Eigentümer unter Ausschaltung des Maklers abzuschließen. Wenn die rechtlichen Voraussetzungen vorliegen, um das Geschäft mit dem Verkäufer direkt abwickeln zu können, kann durchaus daran gedacht werden, die Provision einzusparen. Folgendes müsste jedoch vorab überprüft werden:

– Besteht zwischen dem Makler und dem Eigentümer eine Maklervereinbarung, die unter Einhaltung einer Kündigungsfrist gekündigt worden ist?

– Hat der Makler einen Exklusivvertrag für den Verkauf und für wie lange wurde diese vertragliche Bindung vereinbart? Liegt ein Exklusivvertrag vor und nicht nur in diesem Fall, so schulden der Verkäufer und der Käufer dem Makler auf jeden Fall die Provision, wenn die Immobilie innerhalb des vertraglich eingeräumten Zeitraumes verkauft worden ist. Wenn der Makler den Käufer mit dem Verkäufer zusammengebracht hat, hat dieser gegenüber dem Käufer einen Anspruch auf Zahlung seiner Provision. Eine Weigerung durch den Käufer könnte teuer werden, wenn der Makler seinen Anspruch unter Zuhilfenahme des Gerichts durchsetzen sollte. Bei einem Provisionsanspruch, der zwischen 2 % und 6 % bezogen auf den Kaufpreis liegen kann, wird der Makler so einfach nicht nachgeben.

Pflichten eines Immobilienmaklers:

– Der Makler muss, um als solcher tätig sein zu dürfen, bei der sog. *Camera di Commercio* (Handelskammer) eingetragen sei. Der Kunde kann sich hierüber vergewissern, ohne dem Makler diese Frage direkt zu stellen: Er kann auf dessen Briefpapier die Nummer der Eintragung in die Handelskammer nachlesen.

– Bei den ordnungsgemäß eingetragenen Maklern sind deren Formularverträge, die sie verwenden und die sie selbst ausgearbeitet haben, von der Handelskammer genehmigt worden. Dies garantiert zumindest teilweise, dass keine Vertragsklauseln enthalten sind, die ausschließlich zum Nachteil der Kunden sind. Eventuelle Zahlungen sollten generell, sofern sie per Scheck getätigt werden, auf den Namen des Verkäufers ausgestellt werden und nicht auf den Makler. Der Makler sollte diese Schecks allenfalls treuhänderisch verwahren bzw. einem Notar zur Verwahrung übergeben.

– Als letzter Punkt hinsichtlich der Seriosität eines Maklers ist zu erwähnen, dass er, wie alle freiberuflich Tätigen, eine Haftpflichtversicherung haben sollte, für den Fall, dass ihm beruflich Fehler unterlaufen, durch die Dritte einen Schaden erleiden. Dieser Punkt dürfte allerdings nur schwer überprüfbar sein.

Maklergebühren

Erwähnenswert ist auch, dass der Makler grundsätzlich vom Käufer als auch vom Verkäufer seine Provision bekommt und daher die Interessen beider Parteien vertritt. Der Makler sollte daher nicht einseitig die Interessen nur einer Partei vertreten, da er auch von der anderen Partei bezahlt wird. Die Höhe der Provision des Maklers kann sowohl von Käufer als auch Verkäufer ausgehandelt werden, was natürlich frühzeitig getan und festgehalten werden sollte.

Leider existieren keine einheitlichen Maklergebühren für ganz Italien, so dass hier doch erhebliche Differenzen bestehen können. So kann der Makler von einem Eigentümer, der ihn mit dem Verkauf seiner Immobilie beauftragt hat, eine höhere Provision verlangen als vom Käufer. Der Prozentsatz, der dem Makler zusteht, kann auch von Region zu Region und von Stadt zu Stadt unterschiedlich sein. Um einen groben Anhaltspunkt zu haben, ist davon auszugehen, dass die Provision für den Verkäufer zwischen 2 % und 6 % und für den Käufer zwischen 2 % und 4 % liegen dürfte, je nach Region und der dort üblichen Höhe der Maklerprovisionen. Auf jeden Fall sollte man versuchen, die Provision zu verhandeln, gerade für den Fall, dass diese besonders hoch erscheint. Man kann auch bei sehr hochpreisigen Objekten eine feste Provision vereinbaren.

Will man genau wissen, wie hoch die übliche Maklerprovision in der entsprechenden Gegend ist, so lässt sich dies durch Rückfrage bei den Handelskammern der Hauptsitze der jeweiligen Region erfragen. Stellt der Makler dem gegenüber eine höhere Provisionsforderung, müsste entweder von dem Geschäft Abstand genommen werden oder vorab – wie schon erwähnt – versucht werden, die Provision herunterzuhandeln und das Ergebnis dieser Verhandlungen schriftlich festzuhalten.

Ist die Entscheidung für einen bestimmten Makler gefallen, weil man von dessen Seriosität überzeugt ist, wird mit diesem eine schriftliche Vereinbarung getroffen, bei der einige Punkte zu beachten sind. Wie bereits erwähnt, entsteht die Maklerprovision kraft Gesetzes mit Abschluss des Vorvertrages. Sie steht dem Makler auch dann zu, wenn der notarielle Kaufvertrag nicht abgeschlossen wird. Ist die Entscheidung für einen bestimmten Makler gefallen, weil man von dessen Seriosität überzeugt ist, wird mit diesem eine schriftliche Vereinbarung zustande kommt. Die Gründe für das Scheitern können vielseitig sein. Ein Grund könnte beispielsweise die Unverkäuflichkeit der Immobilie sein (z. B. wenn Baurechtsverstöße vorliegen, von denen der Notar Kenntnis erhält. In diesem Fall darf der Eigentumsübertragungsvertrag nicht abgeschlossen werden), oder aber die Immobilie ist mit Hypotheken belastet, es gibt Mängel am Kaufobjekt oder eine Klausel des Vorvertrages wurde nicht erfüllt etc.

Die Provision kann selbst dann fällig werden, wenn der Verkäufer sich nach dem unterschriebenen Vorvertrag, mit dem er das Versprechen abgegeben hat bzw. die Verpflichtung eingegangen ist, den notariellen Kaufvertrag zu unterzeichnen, nunmehr weigert, an dem notariellen Kaufvertrag mitzuwirken bzw. diesen ganz einfach nicht mehr unterschreiben will. In die schriftliche Vereinbarung mit dem Makler sollte nach Möglichkeit festgehalten werden, dass die Provision erst beim notariellen Kaufvertragsabschluss zu zahlen ist, auch wenn der Anspruch aufgrund Gesetzes bereits mit Abschluss des Vorvertrages entstanden ist. Dies durchzusetzen stößt oft auf Widerstand bei den Maklern. Es bedarf sicherlich eines besonderen Verhandlungsgeschicks, da kein Makler einfach auf einen ihm kraft Gesetzes zustehenden Anspruch verzichtet, diesen erst zu einem späteren Zeitpunkt bezahlt zu bekommen.

Liegt eine schriftliche Vereinbarung mit dem Makler vor, wird dieser für den Fall, dass der Käufer bereit ist, die Immobilie zu kaufen, ein Vorvertrag errichtet. Hierzu wird er sich in aller Regel eines Standardformulars bedienen, das in seltenen Fällen allen Erfordernissen der Vertragsparteien gerecht wird, insbesondere bei ausländischen Erwerbern. Bei einem Apartment in einer Wohnanlage kann dies unkompliziert sein, wenn sowohl seitens des Alteigentümers als auch der Verwaltung immer alles ordnungsgemäß verwaltet wurde und die Immobilie nicht eine der unten aufgeführten Mängel aufweist (siehe Checkliste). Nicht genügen dürfte dieses Standardmodell allerdings beim Verkauf von Immobilien mit landwirtschaftlichen Flächen oder ehemaligen Bauernhäuser oder ähnliches.

Das standardisierte Formular enthält darüber hinaus in der Regel eine Vielzahl von Klauseln, die ebenfalls der genaueren Überprüfung bedürfen, um unliebsamen Überraschungen vorzubeugen.

(Unwiderruflicher) Kaufvorschlag

Seit einigen Jahren wird dem Kaufinteressenten von dem Makler, anstatt der Abwicklung mit einem ordnungsgemäßen Vorvertrag ein sog. *proposta di acquisto* (Kaufvorschlag oder auch unwiderruflicher Kaufvorschlag) zur Unterschrift unterbreitet. Grund dafür ist, dass Makler frühzeitig einen interessierten Käufer binden wollen, was zur Folge hat, dass sofort Zahlungen hinterlegt werden müssen. Mit diesem Kaufvorschlag soll der Käufer dem Eigentümer einen Kaufpreis vorschlagen, zu dem er bereit ist, ihm seine Immobilie abzukaufen. Der Eigentümer kann sich dadurch den Käufer heraussuchen, der bereit ist, am meisten zu bezahlen und kann somit eine Art Wettbewerb unter mehreren Kaufinteressenten veranstalten.

Der Kaufvorschlag, den der Verkäufer dann gegengezeichnet hat, gilt als angenommen. Meist sieht der Kaufvorschlag aber vor, dass, mit Annahme des Kaufvorschlages durch die Unterschrift des Verkäufers sich dieser nun in einen Vorvertrag umwandelt, so dass weitere Zahlungen fällig werden und u. a. auch der Makler Anspruch auf Zahlung seiner Provision hat.

Selbstverständlich ist immer im Einzelfall jeder Kaufvorschlag zu prüfen, der allerdings nicht unbedingt für den Immobilienerwerb erforderlich ist. In erster Linie dient der Verkaufsvorschlag vor allem dem Makler dazu, die Parteien möglichst rasch zu binden, in einem Zeitpunkt, zu dem noch über keinerlei vertragliche Einzelheiten gesprochen oder verhandelt wurden. Man findet sich somit mit einem rechtsverbindlich abgeschlossenen Vorvertrag zum Kauf einer Immobilie wieder. Eine rechtliche Notwendigkeit, den Kaufvorschlag zu unterschreiben besteht eigentlich nicht. Der Käufer kann daher mit dem Hinweis, dass er sich nur vorvertraglich binden will, nachdem die vertragsrelevanten Unterlagen geprüft worden sind und nachdem die vertraglichen Einzelheiten verhandelt wurden, auch den Kaufvorschlag ablehnen. Spätestens in diesem Zeitpunkt wird er feststellen, wie seriös der Makler ist. Wenn dieser nur Zeitdruck aufbaut, um zu einer schnellen Unterschrift zu gelangen, sollte man überlegen, nicht vielleicht doch Abstand von dem Kauf zu nehmen, als hinterher mit einem abgeschlossenen Vorvertrag dann sehen zu müssen, wie die vertraglichen Versäumnisse nun behoben werden können.

Ein Kaufvorschlag kann aber auch dergestalt formuliert werden, dass die Parteien mit Annahme durch den Verkäufer verpflichtet sind, lediglich innerhalb einer bestimmten Frist, den Vorvertrag abzuschließen. Damit hätte der Käufer auf jeden Fall die Möglichkeit, die rechtliche und tatsächliche Situation der Immobilie zu überprüfen oder durch eine Vertrauensperson überprüfen zu lassen und die Vertragsklauseln des Vorvertrages zu verhandeln.

2.5. Pflichten der Vertragsparteien beim Vorvertrag

Die Verpflichtungen des Verkäufers ergeben sich aus Art. 1476 c.c. Danach hat der Verkäufer dem Käufer die Sache zu übergeben und ihm das Eigentum oder das Recht an der Sache zu verschaffen. Er leistet ihm ferner Gewähr dafür, dass die Sache frei von Sachen und Rechten Dritter ist und keine Mängel aufweist. Aus Art. 1477 c.c. ergibt sich, dass die Kaufsache in dem Zustand zu übergeben ist, in der sie sich im Zeitpunkt des Verkaufs befand. Vorbehaltlich eines anderen Parteiwillens ist die Sache zusammen mit ihren Bestandteilen, dem Zubehör und den anfallenden Früchten zu übergeben. Ferner sind die Unterlagen und Dokumente zu übergeben, die für den Verkauf der Immobilie relevant sind.

Die Pflicht des Käufers liegt darin am Abschluss des Notarkaufvertrages mitzuwirken. Auf ihn entfällt die Verpflichtung der fristgerechten und vollständigen Kaufpreiszahlung. Darüber hinaus obliegt dem Käufer die Pflicht, die Kosten im Zusammenhang mit dem Erwerb, wie die Notarkosten, die Erwerbssteuern und sonstigen Abgaben, die in diesem Zusammenhang anfallen, zu bezahlen.

2.6. Anzahlung gemäß Vorvertrag

Die Bestätigungsanzahlung (sog. *caparra*) wird in den Artikeln 1385 und 1386 c.c. geregelt. Diese haben unterschiedliche rechtliche Rechtsfolgen.

Üblich ist es, dass mit Unterschrift unter den Vorvertrag der Verkäufer eine Anzahlung erhält, ohne dass der Käufer hierfür eine Gegenleistung oder eine Garantie erhält. Die Anzahlung, die zwischen den Parteien frei verhandelt werden kann, beträgt in der Regel zwischen 10 % und 30 % des tatsächlichen Kaufpreises. Im Interesse des Käufers sollte sie eher niedrig sein, da er das Risiko trägt, diesen Betrag verlieren zu können. Der Käufer kann sich aber eine Garantie geben lassen für den Fall, falls das Geschäft nicht zum Abschluss kommt und der Verkäufer die Anzahlung zurückzahlen muss. Von dieser Möglichkeit wird allenfalls bei hochpreisigen Objekten Gebrauch gemacht, wenn eine sehr hohe Anzahlung getätigt werden muss und die notarielle Abwicklung erst zu einem viel späteren Zeitpunkt erfolgen soll. Es ist bei einer Risikoabwägung auf jeden Fall eine Einzelfallüberprüfung vorzunehmen, um auch ggf. andere Möglichkeiten, die Risiken zu minimieren, abwägen zu können.

Sollte der Käufer allerdings aus Gründen, die er zu vertreten hat, das Geschäft nicht zum Abschluss bringen wollen, würde er seine Anzahlung verlieren.

Die Absicherung für die Anzahlung könnte beispielsweise in Form einer Bankbürgschaft oder einer Versicherung bestehen. Die Garantie kommt dann zum Zuge, falls eine oder mehrere Bedingungen des Vorvertrages durch den Verkäufer nicht erfüllt werden und es dadurch nicht zum Abschluss des endgültigen Kaufvertrages kommt. Der Verkäufer wäre verpflichtet, die erhaltene Anzahlung (möglicherweise in doppelter Höhe) zurückzuerstatten. Bei der Erstattung der Anzahlung muss daher zunächst einmal unterschieden werden, welche der vom Gesetzgeber zur Verfügung gestellten Möglichkeiten Anwendung findet und wer die Nichterfüllung des Vorvertrages zu verschulden hat.

Wurde gemäß § 1385 c.c. eine sog. *caparra confirmatoria* (Bestätigungsanzahlung) vereinbart, bedeutet dies im Falle des Rücktritts vom Vorvertrag, dass der Käufer, der die Anzahlung geleistet hat und der das Nichtzustandekommen des Notarkaufvertrages nicht zu vertreten hat, von dem Verkäufer das Doppelte der Anzahlung fordern kann. Dies wäre zum einen die Erstattung des bereits bezahlten Betrages und zum anderen nochmals in gleicher Höhe als Vertragsstrafe. Hat dagegen der Käufer die Nichterfüllung zu verschulden (weil er es sich mittlerweile anders überlegt hat und die Immobilie nicht mehr kaufen will), darf der Verkäufer die Anzahlung behalten.

Im Falle, dass jedoch der Vertragspartner, der die Nichterfüllung nicht zu verschulden hat, einen über die Anzahlung hinausgehenden Schaden hat, kann er diesen mit gerichtlicher Hilfe geltend machen. Er kann mit gerichtlicher Hilfe auch versuchen zu erwirken, dass der notarielle Vertragsabschluss abgeschlossen wird.

Wurde dagegen eine sog. Anzahlung gemäß § 1386 c.c. *caparra penitenziale* (Reuegeld, Vertragsstrafe) vereinbart, bedeutet dies, dass mit Einbehalt der Anzahlung durch den Verkäufer bzw. der doppelten Rückzahlung der Anzahlung (des Verkäufers an den Käufer) bereits festgelegt wurde, dass keine weitergehenden Ansprüche gestellt werden können. Die Anzahlung wäre demnach auch gleichzeitig der pauschalierte Schadensersatz.

Der Käufer wird grundsätzlich Interesse daran haben, die Anzahlung eher niedrig zu halten. Dies ist umso verständlicher, wenn der Verkäufer nicht gewillt ist, eine Garantie für die eventuelle Rückerstattung zu gewähren. Der Käufer trägt somit das größere Geschäftsrisiko, denn sein Vertragspartner ist normalerweise eine ihm unbekannte Person. Er kann nicht wissen, ob dieser auch wirklich bereit ist, das Geschäft ordnungsgemäß zum Abschluss zu bringen. Aus der Sicht des Verkäufers kann natürlich die Ausgestaltung des Vertrages hinsichtlich dieses Punktes gerade umgekehrt sein, da er sich vergewissern muss, einen Käufer gefunden zu haben, bei dem er sicher sein kann, dass er in der Lage ist, den Kaufpreis zu bezahlen. Für den Käufer stellt die sog. *caparra confirmatoria* (Bestätigungsanzahlung), die als solche im Vorvertrag bezeichnet zumindest, theoretisch eine bessere Ausgangsposition dar, da er von Gesetzes wegen berechtigt ist, das Doppelte seiner Anzahlung zurückzuverlangen und darüber hinaus auch weitere Schäden geltend machen könnte.

Mit gerichtlicher Hilfe, d. h. mit dem Erzielen eines Urteils, das die fehlende Willenserklärung des Verkäufers für den Abschluss des Notarvertrag ersetzt, kann der Käufer auch auf dem Wege eines langwierigen Rechtsstreits, behaftet mit allen Risiken, theoretisch zu seiner Immobilie gelangen.

2.7. Eintragung des Vorvertrages in das Grundbuch

Seit dem 1.1.1996 hat der italienische Gesetzgeber die Möglichkeit eingeführt, den Vorvertrag in das Grundbuch eintragen zu lassen mit der Folge, dass zugunsten des Käufers eine Art Grundbuchsperre besteht.

Dies schützt den Käufer davor, dass der Verkäufer die gleiche Immobilie an einen Dritten verkaufen kann. Der Schutz der Eintragung des Vorvertrages gilt für ein Jahr, wenn die Parteien im Vorvertrag bereits einen Termin für den Hauptvertragsabschluss festgelegt haben. Wurde dagegen kein Termin vereinbart, wann der Notarvertrag abgeschlossen werden soll, so gilt der Schutz des Käufers für drei Jahre (Art. 2645 bis c.c.). Voraussetzung der Eintragung ins Grundbuchamt ist, dass die Unterschrift der Vertragsparteien vor einem italienischen Notar erfolgt, der die Echtheit der Unterschriften beglaubigen muss. Der Nachteil dieser Eintragung ist jedoch, dass für den Käufer teilweise nicht unerhebliche Mehrkosten entstehen. Die Höhe der zu zahlenden Gesamtsteuern ist abhängig davon, welche Art von Anzahlung (sog. *caparra confirmatoria* oder *acconto*) vorvertraglich vereinbart worden ist. Für die *caparra confirmatoria* müssen 0,5 % auf den im Vorvertrag stehenden Anzahlungsbetrag als Steuern bezahlt werden, die allerdings bei dem Eigentumsübertragungsvertrag bei den Erwerbssteuern angerechnet werden. Für die sog. *acconto* Anzahlung sind sogar 3 % Steuern zu bezahlen, die allerdings nicht angerechnet werden würden.

2.8. Registerbüro (*Ufficio del Registro*)

Erwähnt werden soll an dieser Stelle, dass in Italien grundsätzlich jede Art von Vertrag, Vergleich, auch Mietverträge oder sonstige privatschriftlichen Vereinbarungen (somit auch der Vorvertrag) aus fiskalischen Gründen registriert werden muss. Die Registrierung hat zur Folge, dass eine einmalige Steuer fällig wird, entweder als Fixsteuer oder aber prozentual, bezogen auf den Wert des Vertrages. Verträge, die ursprünglich nicht registriert worden sind, die aber zu einem späteren Zeitpunkt in ein Gerichtsverfahren als Beweisunterlage eingebracht werden, werden nachträglich mit der Registersteuer belegt.

Die Makler sind solidarisch mit den Vertragsparteien verpflichtet dafür zu sorgen, dass der Vorvertrag registriert wird. Das erfolgt bei dem zuständigen Registerbüro, wo eine Registersteuer von € 200,– zusätzlich zu den Stempelmarken fällig wird.

3. Der Kaufvertrag (*atto di compravendita* oder umgangssprachlich *rogito*)

3.1. Allgemeines

Der italienische Gesetzgeber schreibt für den Eigentumsübertragungsvertrag lediglich die Schriftform vor (Art. 2702, 2703 c.c.). Es ist deshalb möglich, dass der Vertrag, mit dem das Eigentum an einer Immobilie übertragen wird, auch aufgrund eines privatschriftlichen Vertrages erfolgen kann. Gesetzlich zwingend vorgeschrieben ist jedoch für diesen Fall, dass die Unterschriften der Vertragsparteien beglaubigt worden sind, damit die Umschreibung in den Immobilienregistern vorgenommen werden kann. Andernfalls kann eine Umschreibung der Eigentumsverhältnisse im Grundbuch (*conservatoria*) nicht erfolgen (Art. 2657 c.c.). Mit der Beglaubigung der Echtheit der Unterschriften wird sichergestellt werden, dass auch wirklich die angegebenen Vertragsparteien den Eigentumsübertragungsvertrag unterschrieben haben, da er rechtliche Folgen für beide Vertragsparteien hat.. Einer verliert das Eigentum und der andere wird Eigentümer.

In der Praxis wird bei der Übertragung des Eigentums an einem Grundstück in der Regel immer ein Notar eingeschaltet, der den Kaufvertrag als öffentliche Urkunde errichtet. Der Notar haftet daher für Fehler bei der Ausführung der ihm übertragenen Aufgaben, sollten diese nicht mit der erforderlichen Sorgfalt durchgeführt werden. Der Notar überprüft erst kurz vor dem Verbriefungstermin bei den jeweiligen Registern die Eigentumssituation der Immobilie letztmalig auf eventuell vorhandenen belastenden Eintragungen. Hypotheken sowie andere Belastungen, auch solche die erst kürzlich eingetragen wurden, kämen so noch rechtzeitig zutage. Oftmals ist dies jedoch gerade Anlass zu Streitigkeiten, wenn man kurz vor dem Notartermin erfährt, dass die Immobilie mit einer Hypothek belastet ist und eine kurzfristige Löschung nicht zu organisieren ist, da die Bewilligung zur Lösung einzuholen ist, sofern das Darlehen, das mit der Hypothek abgesichert war, überhaupt vollständig zurückgezahlt wurde.

Wichtig: *Deckungsgleichheit der Immobilie mit Registerdaten*

Weiterhin ist auf eine seit dem 1.7.2010 geltende wichtige Regelung hinzuweisen. Diese ergibt sich aus dem Gesetzesdekret 78/2010 und besagt, dass die Immobilie wie sie in der Realität steht, deckungsgleich mit den Angaben aus den Registern sein muss. Das gilt zum einen für die Daten des Katasteramtes und zum anderen hinsichtlich der Genehmigungen bei der Gemeinde. Stellt sich erst später heraus, d. h. nachdem der notarielle Kaufvertrag bereits abgeschlossen wurde, dass diese Deckungsgleichheit nicht vorliegt, so kann dies unterschiedliche Folgen haben. Je nach Schwere des Gesetzesverstoßes kann dies im schlimmsten Fall dazu führen, dass der abgeschlossene Kaufvertrag null und nichtig ist. Der Notar kann die Überprüfung dieser Übereinstimmung nur begrenzt vornehmen, da er den Abgleich von Realität und Unterlagen nur bedingt, d. h. nur anhand von Unterlagen vornehmen kann. Er kann aber bei Zweifeln den Verkäufer auffordern, ein technisches Gutachten von einem Architekten oder Geometer vorlegen zu lassen, aus dem sich die baurechtliche Situation ergibt und auch die Situation der Katastereintragungen. Denn ein Gutachter wird sicherlich kein wahrheitswidriges Gutachten abgeben, für das er in Haftung genommen werden könnte.

3.2. Vertretung beim notariellen Kaufvertrag

Lassen es die Umstände nicht zu, dass der Käufer persönlich zum Termin des notariellen Kaufvertrages nach Italien kommen kann, kann er sich – wie schon beim Vorvertrag – vertreten lassen. Diese Möglichkeit hat auch der Verkäufer, wenn er zum Zeitpunkt des notariellen Vertrages nicht persönlich erscheinen kann. Für die vorzulegende Vollmacht gilt allerdings, dass sie in der gleichen Form vorgelegt werden muss, in der auch der Kaufvertrag abgeschlossen wird. Ist z. B. der Kaufvertrag privatschriftlich abgefasst, mit Echtheitsbeglaubigung der Unterschriften durch einen Notar, so ist zwar eine privatschriftliche Vollmacht mit Unterschriftsbeglaubigung ausreichend. Diese Abwicklungsweise gab es häufig in der Vergangenheit.

Mittlerweile werden die Notarkaufverträge überwiegend nur noch in Form der öffentlichen Beurkundung errichtet, so dass eine Vertragspartei, die sich beim Notarkaufvertragsabschluss vertreten lassen will, eine Vollmacht in der gleichen Form der öffentlichen Beurkundung vorlegen muss. Diese Vollmacht, wird entweder von dem Notar oder von einem Anwalt, der eine der Vertragsparteien bei der Abwicklung vertritt, in Absprache mit dem Notar errichtet. Die Echtheit der Unterschrift des Vollmachtgebers ist notariell von einem Notar in seiner Heimat beglaubigen zu lassen. Für deutsche bzw. andere ausländische Erwerber geschieht dies dadurch, dass sie ihre Unterschrift vor einem deutschen

Notar leisten, der die Echtheit der Unterschrift beglaubigt. Die Unterschriftsbeglaubigung kann auch bei einem italienischen Konsulat in Deutschland vorgenommen werden. Der Vorteil hierbei ist, dass die Echtheitsbeglaubigung direkt auf Italienisch formuliert ist, während die Unterschriftsbeglaubigung des deutschen Notars dann wiederum beglaubigt übersetzt werden müsste.

Bei anderen ausländischen Erwerbern ist im Einzelfall von Land zu Land zu prüfen, ob die Vollmacht nicht zusätzlich noch das Erfordernis der Apostille bedarf. Bei Käufern oder Verkäufern aus der Schweiz, die sich vertreten lassen, ist dies auf jeden Fall erforderlich.

3.3. Besonderheiten bei der Vertretung beim notariellen Kaufvertrag

Der Notar hat von Amts wegen dafür zu sorgen, dass der Vertragspartei, die der italienischen Sprache nicht mächtig ist, eine schriftliche Übersetzung des Kaufvertrages in der eigenen Muttersprache vorgelegt wird und dass beim Abschluss des Kaufvertrages zwingend ein Dolmetscher anwesend ist, der seine Sprache spricht.

Der Vorteil, sich durch Spezialvollmacht vertreten zu lassen, liegt auf der Hand. Sollte die Vertragspartei, die sich vertreten lässt, andere terminliche Verpflichtungen haben, kann trotzdem abgewickelt werden und somit die Verpflichtungen aus dem Vorvertrag erfüllt werden. Die ganze Abwicklung wird nicht nur vereinfacht, sondern auch verkürzt. Es ist keine Übersetzung erforderlich, kein Hinzuziehen eines Dolmetschers, der den Kaufvertrag vorlesen muss und somit die ganze Abwicklung in die Länge zieht. Gerade bei kleineren Notariaten in der Provinz kann dies zu organisatorischen Problemen führen, da kein passender Dolmetscher zu finden ist. Mit der Abwicklung durch eine Spezialvollmacht werden die Übersetzung und das Hinzuziehen eines Dolmetschers überflüssig und auch die damit verbundenen Kosten entfallen. Darüber hinaus ist diese Abwicklung auch für den Notar bedeutend einfacher und unkomplizierter, so dass sich das in der Regel auch bei dem Honorar des Notars bemerkbar macht.

4. Kaufpreisermittlung

Der Gesetzgeber sieht hierzu zwei Möglichkeiten vor: Nach Art. 1537 c.c. kann sich der Kaufpreis nach Maß (*vendita a misura*) unter Angabe der Quadratmeteranzahl richten. Ist demnach die tatsächliche Quadratmetergröße der Immobilie kleiner als im Vertrag angegeben, hat der Käufer Anspruch auf Herabsetzung des Kaufpreises. Ist dagegen umgekehrt das Grundstück größer als im Vertrag angegeben, muss der Käufer den Aufpreis bezahlen. Übersteigt aber die tatsächliche Größe mehr als 1/20 der im Vertrag angegebenen Größe, hat der Käufer die Möglichkeit, vom Kaufvertrag zurückzutreten.

Bei der Angabe der Quadratmeterzahl ist zu bedenken, dass es hier zwei Möglichkeiten gibt. Einmal können die sog. *metri quadri commerciali*, zum anderen die sog. *metri calpestabili* angegeben werden. In ersterem Fall (gerade bei Apartments) können sowohl die Wände mit ca. 10 % als auch die Flächen für Balkone, Terrassen, Keller etc. Berücksichtigung finden, so dass mit dieser Berechnung eine Wohnung größer erscheint. Bei Kaufprospekten muss darauf geachtet werden, wie die Quadratmeterangaben bezeichnet werden. Berücksichtigt man nur die Quadratmeter, die auch tatsächlich begangen werden können (*metri calpestabili*), hat man sozusagen die Nettogesamtgröße eines Apartments.

Die zweite Möglichkeit zur Kaufpreisermittlung ergibt sich aus Art. 1538 c.c. Danach kann der Kaufpreis aufgrund der Gesamtheit der Immobilie einschließlich Zubehör (*vendita a corpo*) vereinbart werden. Entspricht die tatsächliche Grundstücksgröße nicht der im Vertrag angegebenen, kann der Käufer eine Herabsetzung des Kaufpreises und der Verkäufer einen Aufschlag des Kaufpreises nur dann verlangen, wenn die tatsächliche Größe um mehr als 1/20 kleiner bzw. größer ist. Wird vom Käufer ein Aufpreis verlangt, kann er wahlweise zahlen oder vom Vertrag zurücktreten.

Beim Kauf einer Wohnung oder eines Hauses lässt sich der Kaufpreis auch ohne feste Größenangabe vereinbaren, da normalerweise eine Besichtigung der Immobilie durch den Erwerber stattgefunden hat. Auseinandersetzungen zwischen den Parteien können dadurch eventuell vermieden werden. In der Praxis wird meistens nach *vendita a corpo* gekauft.

Bei einer Immobilie, die noch nicht gebaut ist oder gerade gebaut wird, aber auch bei reinen Baugrundstücken, ist es sinnvoll, den Preis nach genauer Größe oder aber global mit Größenangabe zu vereinbaren. Dadurch bleiben dem Käufer die beiden vom Gesetzgeber vorgesehenen Möglichkeiten der Kaufpreisermittlung und die sich daraus ergebenden Konsequenzen erhalten.

Für einen Laien, der sich mit den Immobilienpreisen am italienischen Markt nicht auskennt, ist es natürlich besonders interessant zu wissen, ob der von ihm geforderte Kaufpreis auch „richtig" ist, das heißt dem Marktwert der Immobilie entspricht. Er benötigt also einen Anhaltspunkt über die Höhe bzw. den Wert der Immobilie. Vorab kann erwähnt werden, dass es einen mathematischen Kaufpreis nicht gibt. Dieser hängt zunächst einmal immer von der

Vereinbarung zwischen Käufer und Verkäufer ab und dürfte sich wiederum am Marktpreis für vergleichbare Objekte der jeweiligen Region orientieren.

Einige Anmerkungen zur Ermittlung des Kaufpreises sollen nachfolgend gegeben werden. Dabei handelt es sich allerdings vor allem um generelle Überlegungen, die einzubeziehen sind, um der Immobilie, die man kaufen möchte, einen Geldwert zu geben. Einem ausländischen Käufer ist es immer anzuraten – soweit für ihn möglich ist – einen Preisvergleich durchzuführen, um ein Gefühl für den Preis zu erhalten.

Der Preisvergleich gibt die notwendige Vorstellung über den ortsüblichen Marktpreis. Folgende Faktoren können sich auf den Kaufpreis auswirken:
- handelt es sich um einen Neubau oder um einen Altbau,
- Alter der Immobilie,
- ist die Wohnung mit ihren Fenstern nach einer, zwei, drei oder vier Seiten gelegen,
- Lage der Immobilie, ruhige Wohnlage oder geräuschvolle Gegend, isolierte Wohngegend, keine Geschäfte in nächster Nähe vorhanden, Nutzungsmöglichkeit der Immobilie, eventuell gemischt, also zu Wohnzwecken und kommerziell,
- ist die Immobilie mit öffentlichen Verkehrsmitteln erreichbar, Nähe zum Zentrum, gute Verkehrsanbindungen,
- gehört zu der Immobilie ein Parkplatz, eine Garage,
- hat das Gebäude einen Aufzug oder nicht,
- wie wird die Immobilie beheizt; zentral oder autonom, wie steht es mit Energiesparmaßnahmen,
- Vorhandensein von Balkonen oder Terrassen,
- liegt die Immobilie in einem Grüngürtel, z. B. mit Park in der Nähe,
- Zustand der Wohnung, wurden Wartungs- oder Sanierungsarbeiten durchgeführt,
- Zuschnitt der Wohnung, wurde die Quadratmeterfläche gut genutzt oder geht Wohnraum durch schlechten Zuschnitt verloren.

Der vom Makler genannte Preis dürfte in der Regel etwas höher liegen, da zunächst versucht wird, den bestmöglichen Preis zu erzielen. Der Makler hat ein besonderes Interesse daran hat, einen guten Kaufpreis zu erzielen, da sich seine Provision daraus errechnet, die in der Regel sowohl vom Käufer als auch vom Verkäufer zu bezahlen ist. Mittlerweile fordern die Makler oftmals die Kaufinteressenten dazu auf, dem Verkäufer einen Kaufvorschlag zu unterbreiten. Auf diese Weise kann der Verkäufer wählen, wem er sein Eigentum verkaufen will. Ein Makler kennt in der Regel den Marktwert und den Verkäufer, so dass versucht werden kann, auch über den Makler die „Schmerzgrenze" hinsichtlich des Kaufpreises herauszufinden. Günstig ist es natürlich, die Marktpreise einigermaßen zu kennen. Denn möglicherweise wird ein aus der Sicht des Käufers guter Preisnachlass gewährt, wobei in Wirklichkeit die Kaufpreissumme trotzdem noch weit über dem Marktpreis liegt. Diese Fälle der Ausnutzung der Unwissenheit und Unerfahrenheit gepaart mit mangelnden Sprachkenntnissen kommen vor. Schon deshalb sollte nie ein Kauf im Hauruckverfahren durchgezogen werden.

5. Kaufpreiszahlung

Da – wie bereits mehrfach erwähnt – spätestens zu diesem Zeitpunkt (nämlich beim notariellen Vertragsabschluss) die Restkaufpreissumme an den Verkäufer gezahlt werden muss, hierzu noch einige Anmerkungen:

Der Kaufpreis ist zu 100 % in nachweisbarer Form zu begleichen. Das bedeutet, es darf, um nicht gegen das italienische Geldwäschegesetz zu verstoßen, nicht ein Cent in bar bezahlt werden. Das gilt auch bereits für die Anzahlung, die ebenfalls nur per Überweisung oder Scheck erfolgen darf. Eine Kopie der Zahlung/en der Anzahlung muss dem Notar notwendigerweise für seinen Kaufvertrag zur Verfügung gestellt werden, da er sämtliche Zahlungen im Detail in den Notarkaufvertrag einarbeiten muss. Dazu ist er von Gesetzes wegen verpflichtet. Nicht zu vergessen ist, dass derzeit in Italien Bargeldzahlungen nur bis zu einer Höhe von € 2.000 getätigt werden dürfen.

Die Restkaufpreissumme muss am gleichen Tag der notariellen Kaufpreisabwicklung bezahlt werden. Ein notarieller Kaufvertragsabschluss mit anschließender Kaufpreiszahlung per Überweisung ist nicht möglich. Der Verkäufer verliert mit seiner Unterschrift unter den Kaufvertrag beim Notar direkt das Eigentum an der Immobilie, so dass sichergestellt sein muss, dass er zeitgleich auch den Kaufpreis erhält. Der Verkäufer erklärt notwendigerweise in dem Notarkaufvertrag, den gesamten Kaufpreis erhalten zu haben. Gibt er diese Erklärung nicht ab, müsste eine gesetzliche Hypothek zu seinen Gunsten eingetragen werden.

Um auf die Frage, wie die Kaufpreissumme auf den Verkäufer übergehen soll, zurückzukommen: dies ist im Allgemeinen ein Problem, bei dem jede Partei sich so gut wie möglich frühzeitig absichern muss, denn wenn der Kaufpreis im Zeitpunkt der notariellen Verbriefung nicht vorliegt, könnte nicht verbrieft werden und der Käufer riskiert vorvertragswidrig zu sein und seine Anzahlung zu verlieren.

assegni circolari

Die übliche Abwicklung erfolgt in Italien durch sog. *assegni circolari*. Dies sind Schecks, die von der eigenen Bank, bei der man ein Konto innehält, auf den Namen des oder der Begünstigten ausgestellt werden, sofern das Konto die Deckung hierzu aufweist. Diese Art von Scheck garantiert dem Verkäufer, da er weiß, dass diese Schecks gedeckt sind und sicher wie Bargeld sind. Für einen ausländischen Käufer bedeutet dies jedoch, dass er sich zuvor, d. h. rechtzeitig im Voraus, bei einer italienischen Bank ein Konto eröffnet hat und den Kaufpreis für den Immobilienkauf daraufhin überwiesen hat. Sodann muss er ebenfalls rechtzeitig sicherstellen und organisieren, dass seine Bank ihm die erforderlichen Schecks vorbereitet, die er abholen und zum Notarkauftermin mitnehmen muss. Diese Abwicklung ist sicherlich sehr umständlich und nicht ohne Risiko, die Schecks zu verlieren oder dass diese gestohlen werden. Kompliziert auch deswegen, wenn der Käufer nicht der italienischen Sprache mächtig ist.

Treuhandkonto des Notars

Eine denkbare und wesentlich einfachere Möglichkeit der Kaufpreiszahlung ist, die Zahlung auf das Treuhandkonto des Notars einzuzahlen, so dass das Notariat entweder die entsprechenden *assegni circolari* besorgt oder der Notar eine Überweisung von seinem Treuhandkonto an den Verkäufer tätigt. Letztere Zahlung verursacht bei den italienischen Verkäufern immer Irritation und Diskussionen. Denn obwohl der Kaufpreis durch die Überweisung schneller auf dem Konto des Verkäufers ist, als die Einzahlung der Schecks, haben viele italienische Verkäufer ein gewisses Misstrauen gegenüber dieser Vorgehensweise, da sie die Gleichzeitigkeit vermissen, nämlich, Eigentumsübergang und Kaufpreiszahlung im gleichen Moment. Manche Notare geben sogar während der Verbriefung den Überweisungsauftrag des Kaufpreises an ihre Bank in Auftrag, da der Notar die dazu gehörige CRO-Nummer benötigt, um sie in seinen Kaufvertrag einzuarbeiten. Denn es ist ja, wie erwähnt, die genaue Kaufpreiszahlung minutiös nachzuweisen. Eine andere Zahlungsprozedur könnte auch dergestalt vor sich gehen, dass z. B. ein deutscher Erwerber durch seine Hausbank das Geld an die Bank des Verkäufers überweisen lässt, allerdings unter der Bedingung, dass dieser Betrag erst ausgezahlt werden darf, nachdem der Notar hierzu grünes Licht gegeben hat. Diese länderübergreifenden Überweisungen sind zwar theoretisch möglich, aber nicht einfach zu organisieren, da sie genau zu einem ganz bestimmten Moment ausgeführt werden müssten und alles zeitlich aufeinander abgestimmt sein muss. In der Praxis bestehen italienische Verkäufer in der Regel auf der Zahlung, die innerhalb Italiens ausgeführt wird.

Seit dem Gesetz Nr. 248 aus 2006, welches auch als Geldwäschegesetz bezeichnet werden kann, haben die Notare die Verpflichtung, in ihren Kaufvertrag ganz genau aufzulisten, wie der Kaufpreis bezahlt worden ist. Die Erklärung der Vertragsparteien zu den detaillierten Zahlungen entspricht einer Art eidesstattlichen Versicherung. Es ist daher dringend davon abzuraten falsche Angaben in einer öffentlichen Urkunde abzugeben. Das gleiche gilt erst recht für die Restkaufpreiszahlung. Jeder einzelne bankbestätigte Scheck ist mit Angabe des Ausstellers, Schecknummer und Höhe des Schecks in den Kaufvertrag einzufügen. Der Gesetzgeber hat diese genaue Verpflichtung zur Auflistung der Kaufpreiszahlung deshalb vorgegeben, um gerade die Bargeldzahlungen zu erschweren oder unmöglich zu machen. Dadurch wird es fast unmöglich gemacht, Schwarzgeld oder sonstige Mittel aus unbekannten Kanälen durch Immobilienkäufe reinzuwaschen.

Somit muss der Notar jede einzelne Zahlung, die auf den Kaufpreis getätigt wurde oder wird, detailliert in seinen Vertrag aufnehmen. Es muss genau angegeben werden, wann wer von welchem Konto, mit welcher Kontonummer, auf welches Konto mit Kontonummer, welchen Betrag zugunsten von wem überwiesen hat.

6. Gewährleistungsansprüche

Selten wird hierüber von den Parteien eine Regelung im Kaufvertrag getroffen. Die Folge ist, dass die gesetzliche Regelung zur Anwendung kommt. Diese wurde bereits im Abschnitt über den Kaufvertrag angesprochen. Die Rechte des Käufers ergeben sich aus Art. 1490 c.c. Danach garantiert der Verkäufer, dass die Sache frei von Mängeln ist, die den Gebrauch der Sache einschränken oder nicht möglich machen würden. Art. 1495 c.c. verpflichtet den Käufer, diese Mängel innerhalb von acht Tagen, nachdem er sie festgestellt hat, anzuzeigen. Alle Ansprüche verjähren in jedem Fall ein Jahr nach Übergabe der Immobilie. Die Gewährleistung gilt auch für versteckte Mängel, die im Zeitpunkt der Übergabe als solche nicht zu erkennen waren.

Darüber hinaus gibt es noch die 10-jährige Gewährleistungshaftung für Mängel, die das Werk im Laufe von 10 Jahren ab Herstellung wegen Mangelhaftigkeit des Bodens oder wegen eines Baumangels gänzlich oder teilweise zerstören oder offensichtlich die Gefahr der Zerstörung oder schwerer Mängel des Werkes begründen.

Die Ansprüche verjähren in einem Jahr, nachdem der Fehler entdeckt worden ist. Weitere Garantien ergeben sich aufgrund des Gesetzes Nr. 765 von 1967. Es handelt sich um die Fälle, bei denen der Verkäufer zugleich der Bauunternehmer ist und ihm zur Errichtung eines Hauses die Genehmigung fehlt, dieses Fehlen aber nicht ausdrücklich im Vertrag erwähnt wurde.

Das erwähnte Gesetz sieht einen Schadenersatzanspruch gegenüber dem verkaufenden Bauunternehmer vor, wenn wegen der Illegalität des Bauvorhabens dem Erwerber irgendwelche steuerlichen oder sonstigen staatlichen Vergünstigungen gestrichen werden wurden.

Mängel bei Neubauten richten sich nach den italienischen Regeln des Werkvertragsrechts, die in den Art. 1655 ff Codice Civile geregelt sind. Der Bauunternehmer haftet dem Bauherr gegenüber für die Mängelfreiheit seines Bauwerkes, es sei denn, dass der Bauherr die Mangelhaftigkeit kennt und akzeptiert. Liegt keine Kenntnisnahme vor, so hat der Bauherr innerhalb einer Frist von 60 Tagen ab Kenntnisnahme dem Bauunternehmer diese Mängel anzuzeigen. Hierbei handelt es sich um eine ausschließliche Frist, was bedeutet, dass nach Fristablauf diese Mängel nicht mehr geltend gemacht werden können. Nach zwei Jahren ab Übergabe des Bauwerkes verjährt jedoch die Möglichkeit der Geltendmachung von Baumängeln.

7. Die Eintragung (*trascrizione*)

7.1. Allgemeines

Da der Eigentumsübergang einer Immobilie nach außen nicht einfach erkennbar ist, muss dieser Übergang publik gemacht werden. Das erfolgt durch die Eintragung bei den entsprechenden Registerämtern. Damit soll verhindert werden, dass derselbe Käufer das gleiche Grundstück mehrmals verkaufen kann. Das Gesetz schreibt deshalb im Interesse der Rechtssicherheit zwingend vor, den Wechsel der Eigentümerschaft publik zu machen (Art. 2643 c.c.).

Zwar hat im Zeitpunkt des notariellen Kaufvertrages der Eigentumswechsel der Immobilie bereits stattgefunden und wirkt demzufolge rechtswirksam gegenüber dem alten Eigentümer. Damit aber der Eigentumswechsel auch Dritten entgegengehalten werden kann, muss die Umschreibung stattfinden.

Das italienische System der Registrierung des Wechsels des Eigentums an Grundstücken und den damit verbundenen Rechten ist vom deutschen sehr verschieden. Dies ergibt sich schon daraus, dass in Deutschland die Eintragung in das Grundbuch konstitutive Wirkung hat, während in Italien eine Eintragung in die Register nur rein deklaratorischer Natur ist.

Eine Ausnahme zu dieser Regel ergibt sich lediglich für die Regionen Südtirol und die anderen ehemaligen österreichischen Regionen Norditaliens wie

z. B. Trentino, Alto Adige (Südtirol), Friuli-Venezia-Giulia. In diesen Regionen erfolgt der Eigentumswechsel einer Immobilie erst dann, wenn die Eintragung im Grundbuch erfolgt ist. Wie in Deutschland und Österreich hat das Grundbuch hier konstitutive und nicht nur deklaratorische Bedeutung. Rechte jeglicher Art am Grundstück müssen daher zu ihrer Wirksamkeit im Grundbuch eingetragen werden. Das Grundbuch in Südtirol wird zweisprachig geführt.

7.2. Antrag auf Umschreibung

Der örtlich zuständigen Grundbuchbehörde, seit dem 1.1.2001 offiziell nur noch als *Agenzia del Territorio* bezeichnet, früher und auch heute noch wird allerdings unterschieden zwischen *conservatoria* (ähnlich dem Grundbuchamt) und *catasto* (Katasteramt), muss zusammen mit dem Antrag auf Eintragung das Original (oder eine öffentlich beglaubigte Kopie) des Kaufvertrages eingereicht werden. Der Antrag ist in doppelter Ausfertigung dem Grundstücksregisteramt vorzulegen. Die Eintragung erfolgt mittlerweile in elektronischer Form und wird von dem Notar veranlasst, bei dem die Verbriefung erfolgt ist.

Im Falle eines privatschriftlichen Vertrages muss zur Eintragung in jedem Fall das Original des Kaufvertrages vorgelegt werden.

Die Eintragung wirkt von dem Zeitpunkt an, in dem der Antrag präsentiert wurde, d. h. ex nunc und bedeutet Wirkung für die Zukunft.

Ist der Eigentümerwechsel registriert, erhält der Antragsteller eine auf dem Doppel seines Antrages angebrachte Eintragungsbescheinigung (Art. 2664 c.c.).

Sämtliche Urkunden und Anträge sind in italienischer Sprache vorzuliegen.

7.3. Deklaratorischer Charakter der Eintragung

Die Eintragung hat deklaratorischen Charakter und dient dazu, Dritten das Rechtsgeschäft entgegenhalten zu können. Unterbleibt eine Eintragung aus welchen Gründen auch immer, so ändert dies nichts an der Rechtswirksamkeit des Vertrages zwischen den Vertragsparteien. Sollte der Verkäufer für die Immobilie gleich mehrere Vorverträge mit weiteren potenziellen Interessenten abschließen und dafür jeweils eine Anzahlung einkassieren, kann aber das Eigentum nur ein einziges Mal notariell übertragen werden. Derjenige der zuerst eingetragen wird, erhält das Eigentum, die anderen Kaufinteressenten können nur noch auf den gerichtlichen Weg verwiesen werden, um Schadenersatzansprüche zu stellen.

In diesem Zusammenhang ist zu erwähnen, dass eine ununterbrochene Reihenfolge der Eintragungen der letzten 20 Jahre bestehen muss. Die Überprüfung hierzu erfolgt in der Regel nach der Unterschrift unter den Vorvertrag, nachdem der Käufer selbst oder durch seinen Anwalt Gelegenheit gehabt hat, all das zu überprüfen, was ihm vom Verkäufer vorvertraglich zugesichert wurde. Da der Eigentumswechsel an einem Grundstück – wie wir bereits oben gesehen haben – aufgrund Gesetzes registriert werden muss, würden im Falle des Fehlens auch nur einer dieser gesetzlich vorgeschriebenen Eintragungen die nachfolgenden Eintragungen keine Wirkung haben.

Auch Rechtsstreitigkeiten oder Zwangsvollstreckungen können in die Register eingetragen werden (Art. 2652 c.c.), um sie Dritten entgegenhalten zu können. Das Urteil aus einer Klage wirkt rückwirkend gegenüber jedermann, der nach Eintragung der Klage noch Rechte an der Immobilie erworben hat.

Hat dagegen ein Notar den Kaufvertrag errichtet, sorgt er auch umgehend dafür, dass der Eigentumswechsel beim italienischen Grundbuchamt umgeschrieben wird (bei Unterlassen macht er sich schadensersatzpflichtig).

7.4. Der 20-jährige Registerauszug
(*certificato storico ventennale*)

Für den Eigentumserwerb erforderlich ist eine ununterbrochene Kette der früheren Eigentümer, die sich aus dem Immobilienregister ergeben muss. Diese für den Laien nicht einfach vorzunehmenden Nachforschungen sollten daher dem Notar überlassen werden. Es gibt aber auch die Möglichkeit, eine Agentur damit zu beauftragen, die sich darauf spezialisiert hat, Grundbuchauszüge in Italien einzuholen. Oftmals will beispielsweise ein Gläubiger in Erfahrung bringen, ob der Schuldner Grundbesitz hat und ob dieser mit Hypotheken bzw. Rechten Dritter belastet ist, um gegebenenfalls mit rechtlichen Schritten gegen ihn vorgehen zu können.

Die Suche des Käufers nach der ununterbrochenen Kette früherer Eigentümer muss sich auf einen Zeitraum von 20 Jahren erstrecken. In Italien ist dies die Frist für die Ersitzung.

Üblich in der Praxis ist es daher, sich von den zuständigen Registerbehörden einen sog. *certificato storico ventennale* (einen 20-jährigen Registerauszug) anfertigen zu lassen. Daraus kann der Käufer die für den Eigentumserwerb erforderliche ununterbrochene Kette früherer Eigentümer ersehen. Wird die Kette der Eintragungen an irgendeiner Stelle unterbrochen, müsste normalerweise die Prüfung der Grundbücher an dieser Stelle aufhören, da dann nicht mehr die Möglichkeit besteht, auf den Rechtsvorgänger zurückzugreifen. Denn aus Art. 2650 c.c. ergibt sich, dass nachfolgende Eintragungen keine Wirkung haben, wenn der vorherige Erwerb nicht eingetragen wurde.

Die Überprüfung der registrierten Verträge auf ihre Wirksamkeit ist deshalb von Bedeutung, da – anders als im deutschen Grundbuchrecht (vgl. § 892 BGB) – das italienische Immobilienregister keinen öffentlichen Glauben genießt. Es gilt daher nicht die Fiktion, wonach ein eingetragenes Recht gegenüber einem gutgläubigen Erwerber als richtig anzusehen ist. Der italienische Gutglaubensschutz beschränkt sich auf die Fälle, in denen der Eigentümer des Grundstücks dieses an mehrere Personen gleichzeitig verkauft. Nicht möglich ist es aber, von einer Person, die zwar als Eigentümer eingetragen ist, selbst aber tatsächlich nie Eigentümer war, das Eigentum an der Immobilie zu erwerben.

8. Die verschiedenen Immobilienregister

8.1. Allgemeines

Wie bereits erwähnt, unterscheidet sich das italienische System des *registro immobiliare* von dem deutschen Grundbuchsystem. Allenfalls in einigen Gebieten Norditaliens, wo das österreichische Grundbuchsystem beibehalten wurde, gibt es ein dem deutschen vergleichbares Grundbuchamt.

Die gesetzliche Grundlage ergibt sich aus den Artikeln 2673 ff des Codice Civile. Ein wesentlicher Unterschied beider Systeme liegt in der Personenbezogenheit der Immobilienregister in Italien und der Grundstücksbezogenheit des deutschen Systems. Eine weitere Besonderheit ist, dass das italienische Immobilienregister auf drei Ebenen geführt wird, d. h. es existieren drei verschiedene Unterregister.

Im Gegensatz zu Deutschland kann von jedermann Einsicht in das Register genommen werden, ohne dass ein berechtigtes Interesse dargelegt werden muss.

Erforderliche Nachforschungen können zum einen über ein italienisches Notariat beantragt werden oder über Dienstleistungsfirmen, die sich hierauf spezialisiert haben. Solche Dienstleistungen werden aber auch von den Geometern erbracht. Die Kosten für das Abfragen einer Eintragung hängt davon ab, wie viele Eintragungen vorliegen, da jede angezeigte Eintragung gesondert berechnet wird.

Nachforschungen, die der Notar im Zusammenhang mit einem Kaufvertragsabschluss vornimmt, fließen in dessen Gesamtabrechnung ein.

8.2. Die Immobilienregister

Diese werden seit den letzten Reformen offiziell als *Agenzia Territorio e Demanio* sog. A.T. genannt, wobei auch weiterhin die bisherigen Unterteilungen wie unten beschrieben, bestehen bleiben.

a) Das allgemeine Register
(*Registri d'ordine* oder *registri generali*)

Nach Art. 2678 c.c. ist der Registerführer verpflichtet, ein allgemeines Ordnungsregister zu führen. In diesem Register wird jeder Rechtstitel, der zur Eintragung eingereicht wird, sofort eingetragen. Die eingehenden Anträge werden mit einer Ordnungszahl versehen.

Enthalten muss das Register:
- den Tag der Antragstellung;
- die Person, die den Antrag einreicht;
- die Person, für die die Eintragung vorzunehmen ist. Der Registerführer muss dem Einreichenden eine kostenlose Bestätigung erteilen, mit Angabe der Ordnungsnummer, aus der sich die Rangfolge der Eintragungen ergibt. Bei diesem Ordnungsregister kann sich der Käufer informieren, ob bereits andere Anträge für das von ihm erworbene Grundstück vorliegen. Die chronologische Reihenfolge soll frühere Anträge vor späteren Anträgen auf Eintragung schützen.

b) Das Namensregister (*Rubriche dei cognomi*)

Neben dem Ordnungsregister gibt es ein alphabetisches Namensregister. Es enthält die für die Einsichtnahme der eigentlichen Immobilienregister notwendigen Angaben.

Die Namensregister geben Auskunft, wo im Zusammenhang mit dem Namen des Verkäufers Eintragungen vorhanden sind.

c) Die einzelnen Unterregister (Artikel 2679 Codice Civile)

Aus Artikel 2679 Codice Civile ergibt sich, dass das Grundbuch die nachfolgenden Unterregister unterhalten muss:

aa) Das Eintragungsregister (*registro per le trascrizioni*). Es sind diejenigen Rechtsgeschäfte, die der Gesetzgeber in Art. 2643 ff Codice Civile auflistet, einzutragen. Hierzu gehören vor allem die Kaufverträge, der Nießbrauch und die Dienstbarkeit.

bb) Das Register, in dem die Hypotheken eingetragen werden. Das Registerverzeichnis *trascrizioni* teilt sich in zwei Spalten auf, wobei die erste

Spalte alle Eintragungen zugunsten der Person enthält, so z. B. Grundstückserwerb, positive Dienstbarkeiten etc. Die zweite Spalte informiert über die Eintragungen zu Lasten der betreffenden Person, so z. B. über Grundstücksverkäufe, negative Dienstbarkeiten, Pfändungen und Arreste. Da es bei natürlichen Personen häufig zu Namensgleichheit kommen kann, sollte ein Interessent, der Nachforschungen bei den Registern anstellen will, entweder die Nummer des Grundbuchplans kennen, damit keine Verwechslungen entstehen können oder aber den *codice fiscale,* d. h. die italienische Steuernummer des Eingetragenen. Denn nicht immer ist eine Identifizierung des Grundstücks mit Hilfe des Namens, des Geburtsdatums und -orts des Verkäufers möglich.

cc) Aus dem Register *registro per le annotazioni* ergeben sich die Eintragungen, die der Gesetzgeber in Artikeln 2654 ff. aufzählt. Eine solche Eintragung kann sich beispielsweise aufgrund eines anhängigen Rechtsstreites (Klage bis zur richterlichen Feststellung der Wirksamkeit oder Unwirksamkeit des eingetragenen Rechtsgeschäftes) ergeben.

d) Eintragungsantrag

Aus dem Eintragungsantrag, der sog. *nota* (Artikel 2664 Codice Civile), ergibt sich der Inhalt der Eintragung. Jedes einzelne Rechtsgeschäft enthält eine gesonderte *nota.* Da das Grundbuchregister nach Personen geordnet ist, muss jede Eintragung, die zu Gunsten einer Person wirkt, auf der anderen Seite zu Lasten einer Person erfolgen. Der Grundbuchbeamte hat dem Antragsteller ein Original der *nota* auszustellen. In dieser müssen sämtliche Angaben der Registrierung enthalten sein.

8.3. Das Katasteramt (*ufficio del catasto*) heute (*Agenzia del Territorio*) genannt

Das Katasteramt erteilt genaue Auskunft über die tatsächlichen Verhältnisse der Grundstücke wie geographische Lage, Größe, Einteilung in seine Nutzungsart und stellt ein rein amtliches ver- messungstechnisches Verzeichnis dar. Es ist in zwei Abteilungen unterteilt, zum einen in das *Nuovo Catasto Terreni – N.C.T.,* das über die genauen Maße der Grundstücke informiert; zum anderen gibt es das *Nuovo Catasto Edilizio Urbano N.C.E.U.,* was Auskunft über die wirtschaftliche Immobilieneinheit gibt, d. h. wie diese als solche ertragsfähig ist.

Darüber hinaus ergibt sich aus den Unterlagen des Katasteramtes, zu welchem Zweck eine Immobilie benutzt werden darf. Auch die Nutzungsmöglichkeit der einzelnen Räume eines Hauses können aus den Unterlagen des Katasteramtes entnommen werden.

9. Die steuerliche Registrierung (*registrazione*)

Aus steuerlichen Gründen und zu Zwecken der behördlichen Kontrolle muss der Vorvertrag dem zuständigen Registeramt (*Ufficio del Registro*) im jeweiligen Bezirk zur Eintragung angemeldet werden. Dieses Registeramt ist nicht mit dem oben erwähnten Immobilienregister zu verwechseln.

Der Antrag auf Registrierung muss innerhalb von 20 Tagen nach Unterzeichnung des Vorvertrages erfolgen. In der Regel übernehmen dies die Makler, auch wenn diese Pflicht die Vertragsparteien betrifft. Es ist eine Registersteuer von aktuell € 200,– zu bezahlen sowie Stempelmarken je nach Länge des Vorvertrages und seiner Anlagen. Sollte aufgrund eines Vorvertrags gerichtlich gestritten werden, der nicht registriert war, so würde das Registerbüro dann diese Besteuerung nachträglich vornehmen. In diesem Fall ist mit einer Besteuerung von 3 % bezogen auf den Wert des Vertrages zu rechnen. Gegenüber der festen Registersteuer von € 200,– kann die Differenz erheblich sein.

Es sind aber nicht nur die Vorverträge registrierpflichtig, sondern auch die Miet- und Pachtverträge.

III. Italienisches Baurecht

1. Allgemeines

An dieser Stelle sollen einige grundsätzliche Ausführungen zum italienischen Baurecht gemacht werden.

Die aktuelle Gesetzesgrundlage ergibt sich aus dem Gesetz, sog. D.P.R. n. 380/2001) und ersetzt somit die bisherigen Bestimmungen.

Eine Baugenehmigung (*permesso di costruire*) ist eine Bewilligung, die durch die zuständige Gemeinde erteilt wird und mit der baulichen Maßnahme genehmigt werden. Die Genehmigung kann von dem Eigentümer oder demjenigen beantragt werden, der hierzu ein Recht hat. Sie kann auch von einem Miteigentümer oder im Falle eines Kondominiums auch von diesem, durch den Verwalter, beantragt werden.

Beispiele, welche baulichen Maßnahmen einer ergeben sich aus dem Gesetz selbst und dies sind vor allem Neubauten und die Sanierung von städtischen Gebäuden.

Das Verfahren zur Erteilung der Baugenehmigung bestimmt, dass nach Einreichung des Antrages das damit beauftragte Amt dem Antragsteller mitteilen muss, wer der verantwortliche Sachbearbeiter seines Verfahrens ist. Die Überprüfung des Antrags erfolgt nach der Reihenfolge der Eingänge. Innerhalb von 60 Tagen nach Antragseingang hat der verantwortliche Sachbearbeiter seine eigene Beurteilung über den Antrag unter Berücksichtigung der städtebaulichen und baurechtlichen Vorschriften abzufassen. Diese Frist kann von dem Sachbearbeiter nur einmal gehemmt werden, indem er von dem Antragsteller noch weitere Unterlagen anfordert. Die Fristen können sich jedoch verdoppeln, wenn die Bauprojekte besonders komplex sind.

Die Beurteilung des Sachbearbeiters ist der sog. *commissione edilizia* vorzulegen, die ihr Gutachten ebenfalls innerhalb einer gesetzten Frist abgeben muss. Legt diese kein Gutachten vor, so hat der Sachbearbeiter dem Bürgermeister hierüber schriftliche Mitteilung zu machen, unter Angabe der Gründe, warum die Fristen nicht eingehalten wurden. Kommt der Antragsteller nicht zu seiner Verfügung, weil die entsprechenden Behörden und zuständigen Stellen nicht tätig werden, wird bestimmt, dass sich der Antragsteller an den Präsidenten der zuständigen *Giunta Regionale* (Regionalrat) wenden kann, der unter Anwendung von bestimmten Vollmachten einen Kommissar ernennen kann, der die Verfügung erlassen kann, damit der Antragsteller einen Bescheid über seinen Antrag erhält.

2. Bauzonen

Die Gebiete, in denen gebaut werden darf, ergeben sich aus dem sog. *Piano Regolatore Generale (P.R.G.)* bzw. durch den *Piano urbanistico*, eine Art Bebauungsplan, der von der jeweiligen Gemeinde festgelegt wird. In diesem wird die Art der möglichen Bebauung in dem jeweiligen Gebiet festgelegt (beispielsweise Wohngebiet, Mischgebiet, Industriegebiet). Bezweckt werden soll damit, dass eine einheitliche Entwicklung und die Funktionalität der baulichen Maßnahmen gewährleistet werden.

3. Gültigkeit der Baugenehmigung

Die einmal erteilte Baugenehmigung ist in der Regel befristet. Dies bedeutet, dass die Arbeiten innerhalb einer bestimmten Frist angefangen und beendet sein müssen. Diese Fristen hierzu müssen in der Baugenehmigung angegeben werden. Die Frist für den Beginn der Arbeiten darf nicht über einem Jahr liegen, während die Frist für die Beendigung (d. h. die Frist der Fertigstellung) nicht über drei Jahren liegen darf. Letztere Frist darf nur durch Verfügung ausdrücklich verlängert werden. Die Verlängerung muss von Umständen abhängen, die unabhängig vom Willen des Bauherrn sind und die dazu geführt haben, dass die Arbeiten nicht rechtzeitig ausgeführt werden konnten.

Damit die Baugenehmigung nicht innerhalb der Jahresfrist verfällt, ist der Bauherr verpflichtet, innerhalb dieser Frist mit seinen Bauarbeiten zu beginnen. Dabei darf es sich jedoch nicht um Scheinarbeiten handeln. Mit Beginn der Bauarbeiten ist daher nicht lediglich das Einzäunen des Grundstücks, das Anbringen von den entsprechenden Schildern oder das Aufstellen eines Baukranes gemeint. Der Beginn der Bauarbeiten muss nach außen tatsächlich eine Baustelle darstellen. Dieser Beginn ist bedeutungsvoll für den Fristablauf, denn die Baugenehmigung verfällt nach einem Jahr, sofern mit den Arbeiten nicht tatsächlich begonnen worden ist. Verfällt daher die einjährige Frist, innerhalb der mit dem Bau begonnen werden muss, kann diese nicht mehr verlängert werden. Dies steht im Gegensatz zur Möglichkeit der Fristverlängerung, die der Gesetzgeber ausdrücklich vorsieht, wenn die Bauarbeiten innerhalb der gesetzten Frist begonnen, aber nicht beendet worden sind. Die Unmöglichkeit der Beendigung muss dabei, wie bereits gesagt, von Faktoren abhängig sein, die nicht in der Einflusssphäre des Bauherrn liegen dürfen.

Werden die Bauarbeiten innerhalb der gesetzten Frist von 3 Jahren nicht beendet, so muss wiederum eine Genehmigung für den Weiterbau beantragt werden. Diese kommt jedoch dem Antrag auf eine neue Baugenehmigung gleich. Hierbei kann es problematisch sein, nochmals im gleichen Umfang bauen zu dürfen, d. h. das, was früher einmal genehmigt worden ist (vor allem wenn der Ablauf der Baugenehmigung schon Jahre zurückliegt), heute nicht mehr genehmigt werden würde. Dies bedeutet, dass eine Fortsetzung der Bauarbeiten möglicherweise nur noch eingeschränkt erfolgen kann.

4. Stillschweigende Genehmigungen sog. S.C.I.A.
(= *Segnalazione Certificata Inizio Attività*)

Gesetzesgrundlage ist Artikel 5 der Gesetzes Nr. 124 vom August 2015 mit der die öffentliche Verwaltung eine Reform erfahren hat, mit der Folge, dass auch die SCIA gesetzliche Änderungen erfahren hat. So hat die Regierung die sog. „Decreto Legislativo vom Juni 2016 Nr. 126, bezeichnet mit der sog. (SCIA 1) und im November 2016 Nr. 222, bezeichnet mit der sog. „SCIA 2" erlassen.

Die S.C.I.A. ergibt sich aus einem Gesetz, das bereits seit 1990 (Gesetz Nr. 241 vom 7.8.1990, Artikel 19) besteht. Der Gesetzgeber sah vor, dass für den Beginn, die Änderung oder die Beendigung von Produktionsaktivitäten, (das Gesetz findet nicht nur im Baurecht Anwendung, sondern betrifft viele Bereiche, bei denen um behördliche Genehmigungen nachgefragt werden muss) diese sofort begonnen werden können, ohne auf Bearbeitungszeiten und Überprüfungen durch die zuständigen Behörden warten zu müssen.

Für die Notwendigkeit bauliche Maßnahmen vorzunehmen bedeutet die SCIA, dass der Beginn der baulichen Tätigkeit der Behörde gegenüber angezeigt werden muss.

Zu unterscheiden sind drei unterschiedliche SCIA, die hier nur kurz namentlich Erwähnung finden sollen:

SCIA: Hiermit wird der Beginn von einer Tätigkeit angezeigt;

– *SCIA unica:* Wenn mehrere behördliche Genehmigungen erforderlichen wären, wird eine einzige SCIA eingereicht (bei dem sog. *sportello unico* der Gemeinden) und die Behörden reichen diese an die weiteren Behörden weiter, die mit der Sache zu befassen wären.

– *SCIA condizionata:* Diese Situation liegt vor, wenn die SCIA von einer bestimmten Zustimmung abhängig ist.

Es handelt sich bei der SCIA um eine Selbstbescheinigung, bei der der Antragsteller erklären muss, dass die gesetzlichen Voraussetzungen für die jeweilige Tätigkeit vorliegen. Die sog. *autocertificazione* (Selbstbescheinigung) wird der Behörde zugestellt, die dann innerhalb der darauffolgenden 60 Tage (nach Einreichung der Selbstbescheinigung) entscheiden kann, ob sie überprüft oder nicht. Demnach kann mit Einreichung der Selbstbescheinigung direkt mit den Arbeiten begonnen werden. Allerdings ist es nicht empfehlenswert, daraus abzuleiten, dass nun jegliche bauliche Maßnahme ausgeführt werden darf. Es sind die gesetzlichen Beschränkungen zu respektieren. Ein örtlicher Architekt oder Geometer sollte unbedingt zu Rate gezogen werden, auch allein wegen der Förmlichkeit der Stellung des richtigen Antrages und der Begleichung der zu entrichtenden Gebühren, ohne die ohnehin nichts läuft.

5. Unwiderruflichkeit und Annullierung der Baugenehmigung

Die Baugenehmigung ist nach den gesetzlichen Bestimmungen eine unwiderrufliche Verfügung. Dies bedeutet, dass sie von der Behörde, die sie einmal erteilt hat, nicht wieder zurückgenommen werden darf.

Hierbei handelt es sich um ein grundsätzliches Prinzip, das jedoch nicht die Möglichkeit der Annullierung der Baugenehmigung ausschließt, wenn die Baugenehmigung von Anfang an nicht hätte erteilt werden dürfen. Die Baugenehmigung kann zwar grundsätzlich nicht widerrufen werden, aber wegen Fristablauf verfallen oder annulliert werden.

Die Annullierung kennt dabei vier verschiedene Möglichkeiten:
 – Annullierung von der Behörde, die die Genehmigung erteilt hatte;
 – Annullierung durch die obere regionale Behörde;
 – Annullierung durch die Regierung;
 – Annullierung durch das Gericht.
Im ersteren Fall der Annullierung der Baugenehmigung, gemäß Art. 21 nonies des Gesetzes Nr. 241 aus 1990 kann die Baugenehmigung von Amts wegen annulliert werden, wenn das öffentliche Interesse dies erforderlich macht. Auf jeden Fall darf die Frist hierzu, nicht über 18 Monate nach der Erteilung der Genehmigung hinausgehen. Rechtswidrig erteilte Baugenehmigungen oder von unzuständigen Stellen erteilte Genehmigungen, sowie Baugenehmigungen, die zu weitreichend erteilt wurden, werden ex tunc ungültig. Das bedeutet, dass die Annullierung von Anbeginn der Erteilung an wirkt.

6. Änderung der Baugenehmigung nach Erteilung

Liegt die beantragte Baugenehmigung vor, kann es zu einem späteren Zeitpunkt notwendig werden, dass Änderungen vorgenommen werden müssen, die von der Baugenehmigung nicht gedeckt sind. Dies bedeutet, dass ein Antrag auf Änderung gestellt werden muss. Dieser Antrag kann sowohl vor den Bauarbeiten gestellt werden als auch während der bereits begonnenen Arbeiten, aber auf jeden Fall muss dies vor Beendigung der Bauarbeiten sein.

Allerdings fallen nicht alle sog. Änderungen unter Abweichung von der Baugenehmigung unter die gesetzliche Möglichkeit, einen Antrag auf „Variante" zu stellen, denn dadurch könnte die ursprüngliche Baugenehmigung vollkommen ausgehöhlt werden.

Die Rechtsprechung unterscheidet daher zwischen Varianten im wahren Sinne des Wortes sowie essenziellen Varianten und Minimalvarianten.

Für jeden Käufer ist es daher von enormer Wichtigkeit, nicht nur zu kontrollieren, dass eine Baugenehmigung vorliegt, sondern ganz besonders darauf zu achten, dass deren Fristen noch nicht abgelaufen sind. Dies ist in der Regel die Frist für den Baubeginn und die Frist zur Beendigung der Bauarbeiten.

Bevor man daher kauft, bzw. sich vertraglich verpflichtet zu kaufen, sollte man sich von einem Architekten oder Geometer seines Vertrauens fachmännisch beraten lassen, sofern man nicht selbst in der Lage ist, die notwendigen Prüfungen vorzunehmen. Dabei ist zunächst zu klären, ob grundsätzlich die Genehmigung für den Weiterbau zu erhalten ist, insbesondere für den Fall, dass die Frist zur Beendigung der Bauarbeiten bereits einige Jahre zurückliegt. Hat ein Käufer beispielsweise nur Interesse an einer Immobilie, weil er sie nach seinen eigenen Vorstellungen und Wünschen fertig zu bauen gedenkt, ist abzuklären, ob es sich hierbei um Änderungswünsche handelt und diese genehmigt werden würden. Man sollte daher nicht blind auf die Zusagen des Verkäufers oder des Immobilienmaklers, dass jegliche baulichen Änderungswünsche des Kaufinteressenten ohne Schwierigkeiten genehmigt werden würden, vertrauen. Die Erteilung der Baugenehmigung hängt von zu vielen Faktoren ab, die nicht im Einflussbereich des Verkäufers liegen.

Bedeutung der Baugenehmigung für den Vorvertrag

Um nicht unliebsame Überraschungen zu erleben, hat ein Käufer die Möglichkeit, sich über einige Punkte, die im Zeitpunkt des Vorvertrages noch nicht abgeklärt sind, vertraglich abzusichern und es zur Bedingung machen, dass – bevor der endgültige Vertrag abgeschlossen wird – diese Bedingungen eingetreten sein müssen.

Dies gilt besonders für die Fälle, bei denen der Käufer nur dann daran interessiert ist, die Immobilie zu erwerben, wenn er bei dem von ihm geplanten Weiterbau seine eigenen Bauwünsche berücksichtigt findet. Dies bedeutet, dass seine eigenen Baupläne bzw. Änderungspläne genehmigt werden müssten. Der Käufer ist oftmals nicht an einem Erwerb interessiert, wenn sich die Immobilie ohnehin nicht nach seinen Vorstellungen umbauen, renovieren und demzufolge nutzen lässt.

Der Abschluss des notariellen Kaufvertrages sollte daher von der Bedingung der Erteilung der Baugenehmigung für den Weiterbau oder auch den Neubau (beim Baugrundstück) abhängig gemacht werden. Eine solche Bedingung wäre in den Vorvertrag unbedingt einzuarbeiten. Denn nur wenn diese Bedingung erfüllt ist, kann es überhaupt zum notariellen Abschluss kommen. Andernfalls steht schlimmstenfalls der Käufer als Eigentümer mit einem halbfertigen Haus da, dessen Weiterbau ihm untersagt wird. Es kann auch sein, dass der Weiterbau zwar genehmigt wird, allerdings ohne Berücksichtigung der eigenen baulichen Änderungswünsche.

Unabhängig von den sonstigen Bestandteilen des Vorvertrages, sowie von den schon unter der Checkliste für den Kauf eines Appartements oder eines Hauses mit Grundstück genannten Vorsichtsmaßnahmen, ist daher gerade die Baugenehmigung einer besonderen Kontrolle zu unterziehen. Stellen wir uns die Situation vor, dass der Verkäufer ein im Bau befindliches Haus mit angrenzendem Grundstück zum Verkauf anbietet, welches sich außerhalb des Ortsbereiches, inmitten von Hügeln, bedeckt mit Olivenbäumen, befindet. Unser Grundstück liegt darüber hinaus auf einem Hügel und kann nur über die angrenzenden Nachbargrundstücke erreicht werden.

Genehmigung und nachträgliche Heilung bei Abweichungen von der Baugenehmigung

Unser Kaufinteressent, der glaubt, sein Traumhaus gefunden zu haben, sollte sich sämtliche Unterlagen vorlegen lassen, aus denen hervorgehen muss, dass das Gebäude mit den erforderlichen Genehmigungen errichtet wurde. Liegt die Genehmigung vor, so müssen die bisherigen Bauarbeiten auch in Übereinstimmung mit der Baugenehmigung errichtet worden sein. Die Abweichung von der Baugenehmigung stellt bereits eine Rechtswidrigkeit dar.

Liegt ein Fall der Baurechtswidrigkeit vor, muss der Käufer überprüfen bzw. überprüfen lassen, ob fristgerecht entweder ein Antrag auf *condono* gestellt wurde oder ein Antrag auf *sanatoria*.

Bei dem *condono* handelt es sich um ein Gesetz, das der italienische Gesetzgeber 1985 erstmals als Mittel zur Verfügung gestellt hat, um Schwarzbauten oder teilweise illegal gebauten Bauwerke nachträglich genehmigen zu lassen, sofern die Voraussetzungen im Gesetz hierzu vorlagen. Das Gesetz, das 1994 und 2003 eine Wiederbelebung erfahren durfte und auch 1999 nochmals als Instrumentarium der nachträglichen Heilung von Baurechtsverstößen eingesetzt wurde (Fristablauf: 31.5.1999), sah genau vor, welche Art von Baurechtsverstößen geheilt werden konnten, wenn innerhalb der gesetzlich vorgeschriebenen Frist der Antrag gestellt wurde und insbesondere die Geldstrafen bezahlt worden sind.

Fällt daher ein Baurechtsverstoß nicht mehr unter das *condono*, da die Frist der Antragsstellung abgelaufen war, bleibt zu prüfen, ob es die Möglichkeit der nachträglichen Heilung durch eine sog. *sanatoria* gibt. Auch hier handelt es sich um ein vom Gesetzgeber vorgesehenes Mittel, das allerdings gegenüber dem *condono* eingeschränkter anwendbar ist. Entscheidend ist, dass die gesetzlich vorgeschriebenen Voraussetzungen für eine *sanatoria* vorliegen. Auch hierzu wird noch ausführlicher eingegangen werden.

Nun sollte man nicht dem Gedanken verfallen, dass da ein Weiterbau sowieso genehmigt werden würde, um gleich mit den Bauarbeiten beginnen und die eigenen Bauänderungswünsche gleich mit realisiert. Grundsätzlich gilt für den Weiterbau, dass die erste Baugenehmigung Berücksichtigung findet. War daher ursprünglich der Bau eines Hauses bewilligt worden, das als Wohnhaus für eine landwirtschaftliche Bewirtschaftung dienen sollte, kann hieraus schwerlich ein Luxushaus mit Swimmingpool werden.

7. Wege- und Leitungsrecht

Als weiterer wichtiger Punkt der frühzeitig abzuklären ist, ist die Situation von Wege- und Leitungsrechten und Dienstbarkeiten. Soll ein Rohbau gekauft werden, sollte trotzdem noch einmal überprüft werden, wie die Situation der Rechte für Leitungen für Wasser, Gas, Strom oder sonstiger Leitungen ist. Bei der Gelegenheit ist auch gleichzeitig zu überprüfen, ob die angefallenen Kosten hierfür vom Alteigentümer bezahlt worden sind.

Ein besonderes Problem kann das Wegerecht darstellen. Dies sollte als besonderes Recht in die Register eingetragen worden sein, sofern es von dem Nachbarn oder dem jeweiligen Eigentümer gewährt worden ist, über dessen Grundstück die Leitungen und der Zugang zum eigenen Grundstück nur möglich sind. Auf eine mündliche Zusage, dass jederzeit die Zufahrt zu dem Grundstück erlaubt sei, sollte nicht vertraut werden. Denn sowohl das nachbarschaftliche Verhältnis (es ziehen neue Nachbarn ein) oder auch die Eigentumsverhältnisse (durch Verkauf, Schenkung oder Erbschaft) können sich jederzeit ändern. Es muss daher von vornherein gesichert sein, dass das Grundstück jederzeit auf einem befahrbaren Weg oder einer Privatstraße erreicht werden kann und dass dies rechtlich verankert ist. Dieses Nutzungsrecht, welches ein belastendes Recht für das Nachbargrundstück darstellt, sollte unbedingt im italienischen Grundbuch eingetragen sein oder werden.

Ein Wegerecht, das nicht im Grundbuch eingetragen ist, kann unter bestimmten Voraussetzungen auch ersessen werden. In Italien ist dies innerhalb einer Frist von üblicherweise 20 Jahren möglich.

Sollte ein Grundstück allerdings nicht anders erreichbar sein als durch Überquerung des Nachbargrundstücks, das einen Privatweg besitzt, so muss der Nachbar diese Überquerung dann dulden, wenn kein anderer Zugang oder zumutbarer Zugang zu dem Grundstück von einer öffentlichen Straße aus möglich ist. Leider kommt es bei unklaren Zugangsrechten häufig vor, dass diese vor Gericht erstritten oder verteidigt oder gänzlich geklärt werden müssen.

8. Vertragliche Wegerechte

Die Grunddienstbarkeiten können zwangsweise (sog. *servitù coattive*) oder freiwillig (sog. *servitù volontarie*) begründet werden. Sie können auch durch Ersitzung oder durch Widmung des Eigentümers begründet werden.

Bei der freiwilligen Grunddienstbarkeit wird zu Lasten eines Grundstücks und zum Nutzen eines anderen Grundstücks eine Eintragung vorgenommen. Man kann die freiwillige Dienstbarkeit (*servitù coattiva*) durch einen Akt, d. h. einen Vertrag unter Lebenden begründen. Diese freiwillige Dienstbarkeit zugunsten eines anderen Grundstücks und zugunsten dessen Eigentümer kann auch unentgeltlich erfolgen.

Eine freiwillige Dienstbarkeit kann auch durch testamentarische Bestimmung errichtet werden.

Wer beabsichtigt, seinem Nachbarn entgeltlich oder unentgeltlich vertraglich eine freiwillige Dienstbarkeit zu gewähren, muss sich allerdings vergegenwärtigen, dass für den Fall, dass diese Situation einmal geändert bzw. rückgängig gemacht werden soll, die Mitwirkung des Begünstigten erforderlich ist. Denn ein Vertrag kann nun einmal nicht einseitig geändert werden, sondern alle beteiligten Vertragsparteien müssen mitwirken und zustimmen.

In jedem Fall ist für den Vertrag die schriftliche Form erforderlich.

Was die Zwangsdienstbarkeiten anbelangt, so kann das Gesetz für bestimmte Situationen vorsehen, dass, um ein Grundstück nutzen zu können, oder um zu diesem überhaupt zu gelangen, eine zwangsweise Dienstbarkeit zu Lasten eines anderen Grundstücks besteht. Es handelt sich hierbei um zwangsweise begründete Wegerechte.

9. Italienisches Wohnungseigentum (*condominio*)

Das *condominio* entspricht dem deutschen Wohnungseigentum, und besteht aus einer Vielzahl an Wohnungseinheiten, was dem deutschen Sondereigentum entspräche. Die Wohnungseinheiten gehören in der Regel verschiedenen Eigentümern und jede Wohnung ist unabhängig von den anderen im dem Katasterregister getrennt identifizierbar. Die einzelne Wohnungseinheit kann dabei einem einzigen Eigentümer gehören oder auch mehreren Eigentümern (Miteigentümerschaft). Am Gemeinschaftseigentum eines *condominio* haben die einzelnen Wohnungseigentümer eine Art Miteigentumsrecht, aufgeteilt nach Tausendstel.

Zum Gemeinschaftseigentum gehören in der Regel beispielsweise folgende Bereiche:

– der Grund und Boden, auf dem das Gebäude steht, die Außenwände, das Dach, die Treppen, die Eingangstür oder -tor, der Hof, die Pförtnerloge oder die Pförtnerwohnung, die Zentralheizung;

– jegliche Art von Einrichtungen, die der gemeinschaftlichen Nutzung dienen (Aufzug, Abflussrohre, Strom-, Gas-, Wasserleitungen bis zur Abzweigung in die getrennten Wohnungseinheiten).

Das Recht des einzelnen Wohnungseigentümers am Gemeinschaftseigentum steht im Verhältnis zum Wert oder der Fläche, für die er Eigentümer ist, es sei denn, es wurde ausdrücklich eine andere Regelung getroffen. Der einzelne Wohnungseigentümer kann nicht auf sein Recht am Gemeinschaftseigentum verzichten, um sich den Kosten zu entziehen, die dafür anfallen. Der Außenbereich eines Kondominiums kann nicht von jedem Eigentümer beliebig verändert werden. Dies gilt insbesondere für die Gemeinschaftsteile, die von keinem Eigentümer geändert oder auch nur allein genutzt werden dürfen. Dagegen dürfen an Teilen, die zum Privateigentum eines jeden Wohnungseigentümers gehören, wie zum Beispiel der Balkon, grundsätzlich zwar Veränderungen vorgenommen werden, allerdings unter zwei Einschränkungen:

– Zum einen darf durch Veränderungen das Eigentum anderer Eigentümer nicht betroffen werden;

– zum anderen dürfen diese Änderungen nicht dazu führen, dass das Dekor der Fassade verändert wird. Das einheitliche Bild nach außen muss erhalten bleiben. Bezogen auf das Beispiel des Balkons bedeutet dies, dass man nicht eigenmächtig entscheiden kann, seinen Balkon nach außen hin in beliebiger Farbe streichen zu lassen. Man ist an die vorgegebene Fassade des Hauses gebunden.

Wenn ein *condominio* eine bestimmte Größenordnung hat, schreibt der Gesetzgeber zwingend vor, dass eine Regelung (Kondominialsordnung) erstellt werden muss. Diese Größenordnung ist bei mehr als 8 Wohnungseinheiten erreicht (Gesetz 220 aus 2012, Artikel 1129 Codice Civile). Die Kondominialsordnung regelt das Zusammenleben der verschiedenen Eigentümer hinsichtlich der Gemeinschaftsbereiche, hinsichtlich der Aufteilung der Kosten und hinsichtlich der Erhaltung des Gebäudes. Üblicherweise wird beim Erreichen der gesetzlich vorgeschriebenen Wohnungseinheiten in Fällen, bei denen ein Gebäude von einem Bauunternehmer errichtet worden ist, von diesem im Zeitpunkt der ersten notariellen Verbriefung die Kondominialsordnung abgefasst und ist bei Erwerb zu unterschreiben. Im Übrigen kann jeder Wohnungseigentümer die Initiative zur Errichtung einer Kondominialsregelung ergreifen oder eine bestehende Ordnung zu ändern.

Sieht ein Kondominium eine gemischte Nutzungsmöglichkeit vor, was z. B. Büro, Arztpraxen oder ähnliches ein kann, wo Publikumsverkehr vorgesehen ist, sollte man sich hierüber rechtzeitig informieren, da diese Situation eher nicht der einer ruhigen Ferienimmobilie in einem Wohnhaus entsprechen dürfte.

IV. Allgemeine CHECK-LISTE beim Kauf einer Immobilie

Die nachfolgende Check-Liste soll dem Erwerber als Orientierung dienen, um herauszufinden, worauf bei einem Immobilienkauf besonders geachtet werden sollte. Bei dieser Liste handelt es sich um die wichtigsten und immer wieder auftretenden Punkte, die zu beachten sind und soll dem Erwerber lediglich einen Hinweis geben, in welchen Situationen Vorsicht geboten ist und es möglicherweise zweckmäßig ist, sich rechtzeitig professionelle Hilfe zu holen, bevor es zu spät ist, d. h. wenn „das Kind einmal in den Brunnen gefallen ist", wird es in der Regel teuer.

1. Kondominialsordnung

Wichtig ist, dass die Kondominialsordnung frühzeitig zur Kenntnis genommen wird, um in Erfahrung zu bringen, ob es sich bei dem Gebäude um ein reines Wohngebäude handelt oder ob die Nutzung gemischt ist. In diesem Falle sollte man sich darüber informieren, zu welchen anderen Nutzungsarten das einzelne Sondereigentum genutzt werden darf. Ist z. B. die Nutzung für eine Bar, für ein Geschäft oder ein Büro erlaubt. Da je nach Nutzungsart sowohl mit erhöhtem Lärm und Publikumsverkehr als auch Verschmutzung zu rechnen ist. Darüber hinaus hat es zur Folge, dass sich im Gebäude auch ständig wechselnde Personen aufhalten.

Wenig Freude dürfte ein Käufer an seinem Apartment haben, wenn er zu spät bemerkt, dass nach der Kondominalsordnung auch die Möglichkeit besteht, dass Wohnungseinheiten auch für handwerkliche Betriebe genutzt werden können. Hier kommen neben möglichen Lärmbelästigungen auch noch Geruchsbelästigungen hinzu, die in Kauf zu nehmen sind.

Bei einem noch im Bau befindlichen Gebäude, für das die Nutzungsbestimmung noch nicht festgelegt ist, muss die Zusage des Verkäufers bei den Verhandlungen, dass das Gebäude nur zu Wohnzwecken dienen soll, schriftlich eingefordert und festgehalten werden. Das Risiko ist zu groß, dass der Verkäufer, der zugleich der Bauunternehmer ist, die Nutzungsart des Gebäudes nach Gutdünken ändert und festlegt, besonders dann, wenn er merkt, dass die einzelnen Wohnungseinheiten leichter Käufer finden, wenn auch die gewerbliche oder kommerzielle Nutzung erlaubt ist.

Bei bereits existierenden Gebäuden kann man sich grundsätzlich auch beim Verwalter informieren und eine Kopie der Kondominalsordnung anfordern, aus der ersichtlich ist, was ausdrücklich erlaubt ist und was nicht. Ob dieser dann eine solche Kopie übergibt oder nicht doch Datenschutzgründe vorschiebt, ist nicht ganz auszuschließen. Auf jeden Fall kann die Kondominialsordnung auch vom Verkäufer angefordert werden, der sollte er diese nicht mehr zur Hand haben, sich auf jedem Fall vom Verwalter eine Kopie aushändigen lassen kann.

Merke: Kondominialsordnung anfragen und überprüfen, bevor man sich vertraglich bindet

2. Nebenkosten

Um bei den Nebenkosten, bzw. Betriebskosten nicht unangenehm überrascht zu werden, sollte möglichst frühzeitig versucht werden, deren Höhe in Erfahrung zu bringen. Möglich ist es auch, dass überhaupt keine Kondominialsordnung hinsichtlich der Nebenkosten existiert, sondern die Nebenkosten jährlich durch Abschlussrechnungen umverteilt werden. Eine gerechte Umverteilung der Nebenkosten kann problematisch sein, wenn es sich um Gebäude handelt, die gemischt genutzt werden (Wohnungs- und Geschäftsgebäude), da von den Geschäften die Gemeinschaftseinrichtungen (wie z. B. Hof, Treppe, Aufzug) überproportional genutzt werden. Zumindest sollte man sich frühzeitig über die zu erwartenden Nebenkosten informieren, da diese mitunter hoch sein können. Dadurch bleibt die Möglichkeit bestehen, von dem Kauf Abstand zu nehmen und sich nach einer Alternative, die weniger hohe Festkosten hat, umzusehen. Auch sollte darauf geachtet werden, ob in einer Wohnanlage ein Pförtner ganztätig oder halbtags bei der Wohnungseigentümergemeinschaft fest angestellt ist. Oft hat eine größere Wohnungseigentumsgemeinschaft neben dem angestellten Pförtner zusätzlich eine Reinigungsfirma beauftragt oder gar Reinigungskräfte direkt angestellt, mit all den Rechten und Pflichten und Problemen, die sich durch ein abhängiges Arbeitsverhältnis ergeben können. All dies führt dazu, dass die laufenden Betriebskosten sehr hoch sein können. Oftmals wird einem Pförtner in der Regel ein der Gemeinschaft gehörende Pförtnerwohnung unentgeltlich zur Verfügung gestellt und die Unkosten der Wohnung durch die Gemeinschaft getragen. Je nach Lage des Gebäudes und deren Bewohner gibt es auch Überwachungsfirmen, so dass auch dies ein weiterer Faktor für sehr hohe Nebenkosten sein kann.

Merke: Frühzeitige Abklärung über die Höhe der zu erwartenden Betriebskosten

3. Rückständige Steuerschulden und sonstige Kosten

Es kann passieren, dass der Käufer die vom Verkäufer nicht bezahlten rückständigen Nebenkosten/Betriebskosten für das Vorjahr und das noch laufende Jahr bezahlen muss, nachdem er Eigentümer geworden ist, da vergessen wurde, rechtzeitig zu überprüfen, ob vom Verkäufer rückständige Zahlungen hinterlassen wurden. Der Käufer haftet daher gesamtschuldnerisch für diese offenen Beträge, die er dann aber versuchen kann von seinem Verkäufer erstattet zu bekommen. Auf dem Käufer lastet ferner das Risiko, unmittelbar nach dem Erwerb der Wohnung mit Instandhaltungskosten für gemeinschaftliche Anlagen belastet zu werden.

Fälle dieser Art liegen dann vor, wenn in der letzten oder vorletzten Eigentümerversammlung außerordentliche Renovierungsarbeiten beschlossen worden sind.

Streitig ist allerdings ab welchem Zeitpunkt der neue Eigentümer für diese Kosten, die noch von dem alten Eigentümer mitbeschlossen worden sind, zu zahlen hat. In Frage kommt zum einen der Zeitpunkt der Beschlussfassung, zum anderen der Zeitpunkt der Ausführung der Arbeiten. Überwiegend ist jedoch davon auszugehen, dass der Zeitpunkt der Beschlussfassung zählt (durch mehrere gerichtliche Entscheidungen bestätigt), auch wenn es sich um Arbeiten handelt, die eventuell erst in ein bis zwei Jahren ausgeführt werden.

Sofern der Alteigentümer nicht schon beim Vorvertrag die Protokolle der drei letzten Eigentümerversammlungen vorgelegt hat, aus denen sich alle wesentlichen Entscheidungen ergeben, und darüber hinaus auch die Abrechnungen der letzten zwei Jahren nicht vorlegt, sollte eine Überprüfung beim Verwalter der Eigentumswohnungen vorgenommen werden. Der Verwalter kann, vorausgesetzt es bestand immer eine ordnungsgemäße Verwaltung, zügig die erforderliche Auskunft erteilen, ob offene Forderungen bestehen. Der Verwalter kennt auch die Entscheidungen der Eigentümer der letzten Eigentümerversammlung, so dass er Auskunft darüber geben kann mit welchen Kosten man als zukünftiger neuer Eigentümer anteilig rechnen muss. Auf reine mündliche Zusicherungen des Verkäufers sollte man sich jedoch nicht verlassen. Oft kann es auch Unkenntnis des Verkäufers sein und er deswegen eine Falschauskunft erteilt. Am besten ist es daher, die benötigte Auskunft beim Verwalter einzuholen, indem man sich gleichzeitig noch die Kopien der erforderlichen Unterlagen aushändigen lässt.

Merke: Überprüfen, ob der Verkäufer Nebenkosten regelmäßig bezahlt hat und welche beschlossenen kostenpflichtigen Maßnahmen bevorstehen.

4. Mieter

Sollte der Erwerber einer Ferienwohnung beabsichtigen seine Ferienwohnung vorübergehend zu vermieten, um die beim Erwerb entstandenen Kosten abzudecken, ist das nachfolgende Kapitel ganz besonders zu beachten.

4.1. Mietgesetz vom 1.1.1999

Seit dem 1.1.1999 ist ein Mietgesetz in Kraft getreten, das an die Stelle der alten Gesetze tritt. Die alten Gesetze bleiben jedoch so lange in Kraft, bis die Verträge, die nach ihnen abgeschlossen wurden, ausgelaufen sind. Haben sich diese Verträge jedoch stillschweigend verlängert, weil versäumt wurde fristgerecht zu kündigen, kommen für diese stillschweigend verlängerten Verträge somit noch das alte Gesetz, das sogenannte Equo-Canone-Gesetz, zum Zuge. Die wesentlichen Neuerungen dieses Mietgesetzes sind folgende:
- Der Mietvertrag muss zwingend in der Schriftform abgeschlossen werden; mündliche Vereinbarungen sind null und nichtig.
- Die Mindestvertragsdauer beträgt 4 Jahre, der Vertrag kann für weitere 4 Jahre verlängert werden.
- Sowohl die Vertragsverlängerung als auch die Kündigung müssen unter Einhaltung einer Frist von 6 Monaten schriftlich per Einschreiben gegenüber dem Eigentümer erklärt werden. Andernfalls läuft der Vertrag automatisch aus.
- Der Gesetzgeber gewährt unter bestimmten Voraussetzungen steuerliche Vergünstigungen für diejenigen Eigentümer, die nachweisen können, dass der Mietvertrag registriert wurde, dass die kommunale ICI-Steuer bezahlt wurde sowie die Immobilie ordnungsgemäß von der jährlichen Steuererklärung erfasst wurde.

Sieht sich daher unser Ferienwohnungsbesitzer in der Situation, sich einen Mieter für seine Wohnung suchen zu wollen, bzw. ist die Wohnung bereits vermietet, sollte er sich vorab genauestens informieren wie die konkrete Situation des Mietrechts ist. Denn gerade im Falle von Mietern ist es preiswerter, sich vorab über die bestehende Rechtslage zu informieren, als zu spät erkennen zu müssen, dass man einen Mieter hat, der trotz Kündigung nicht daran denkt, die Wohnung freiwillig zu verlassen.

Einziger Vorteil einer vermieteten Wohnung ist der, dass derzeit, wobei dies natürlich von Ort zu Ort unterschiedlich sein kann, diese um bis 30 % billiger sein kann als eine freistehende Wohnung.

Ausdrücklich soll darauf hingewiesen werden, dass sich die Gerichte noch heute mit alten Mietverträgen aus dem Equo-Canone-Gesetz beschäftigen müssen, wenn Mieter und Vermieter ihr Mietverhältnis streitig beenden. In diesen Fällen könnte der Mieter, die zuviel gezahlte Miete, die über dem Equo-Canone liegt, zurückfordern. In der Regel liegt in solchen Fällen ein simuliertes Vertragsverhältnis vor, bei dem beide Parteien mitgemacht haben. Der Mieter, weil er die Wohnung wollte, der Vermieter, weil er eine höhere Miete erzielen wollte. Da in Italien Gerichtsverfahren unglaublich lange dauern können, ist es daher nicht auszuschließen, dass sich die Gerichte noch mit Fällen aufgrund des Equo-Canone-Gesetzes beschäftigen müssen.

Merke: Prüfen ob vertragliche Bindungen mietrechtlicher Art vorliegen

4.2. Aufteilung der Nebenkosten zwischen Eigentümer und Mieter

Erwähnenswert sind in diesem Zusammenhang die Nebenkosten/Betriebskosten, die zwischen dem Eigentümer der Immobilie und dem Mieter aufzuteilen sind. Der wohl überwiegende Teil dieser Kosten geht zu Lasten der Mieter. Es handelt sich beispielsweise um folgende Kosten: Verwaltungskosten, Aufzug, Hausantennen, Wasser, Müll, Versicherungen, Kamin, Zähler für Strom, Gas, Wasser, Pförtner, Reinigungsfirma, Reparaturen, Steuern sowie sonstige Kosten, die für die Erhaltung der Immobilie erforderlich sind. Diese Kosten erhöhen sich, wenn es sich um ein Kondominium handelt, zu dem ein eigener Garten, Hof, Garagen, Schwimmbad oder ähnliches gehört.

Die Aufteilung dieser nur beispielsweise aufgezählten Nebenkosten ist eine immer wiederkehrende Quelle für Streitigkeiten zwischen Mieter und Eigentümer. Zwar gibt es hierzu eine Vielzahl von gerichtlichen Entscheidungen; dies ändert aber nichts daran, dass noch vieles offen und streitig ist. Die Aufteilung der Kosten richtet sich nach dem prinzipiellen Kriterium des Gebrauchs. Gebrauch des Mietgegenstandes wird wohl zweifelsfrei überwiegend der Mieter machen, so dass der größte Teil der Kosten, wie bereits erwähnt, an ihm hängen bleiben. Des Weiteren sind auch die Vereinbarungen der einzelnen Interessenvertreter (Mieter und Eigentümer) zu beachten, die von Stadt zu Stadt verschieden sein können.

Nachfolgend soll daher nur beispielhaft aufgeführt werden, wer welche Kosten zu tragen hat. Am Eigentümer bleiben in der Regel die Kosten der Versicherung und der Verwaltung hängen sowie die Kosten für besondere Instandsetzungsarbeiten.

Der Mieter hat für sämtliche Kosten aufzukommen, die für kleinere Reparaturen aufgewendet werden müssen, außerdem für die Reinigungskosten, die Kosten für Heizung, Wasser, Aufzug etc.

Einige Kosten gehen zu Lasten beider Parteien, so z. B. die Kosten für die jährliche Registersteuer, die aufgrund des zu registrierenden Mietvertrages zu zahlen ist. Anhand des von der Verwaltung für jedes Kondominium erstellten Kostenplans, der wiederum den Anteil jedes einzelnen Appartements enthält, lässt sich von vornherein zwischen Eigentümer und Mieter festlegen, wer was von den Kondominialkosten zu tragen hat.

Merke: Alte Mietverträge genauestens überprüfen. Rechtslage klären, bevor ein Mieter gesucht wird

5. Vertragliche und gesetzliche Vorkaufsrechte

5.1. Vertragliches Vorkaufsrecht

Beim vertraglichen Vorkaufsrecht wird zugunsten einer bestimmten Person durch Vertrag festgelegt, dass die begünstigte Person im Fall des Verkaufs das Recht hat, zu denselben Bedingungen und zu demselben Preis die Immobilie erwerben darf wie ein Dritter.

5.2. Gesetzliches Vorkaufsrecht

Will ein Wohnungseigentümer seine Wohnung verkaufen, obwohl sie vermietet ist, darf er das gesetzliche Vorkaufsrecht des Mieters nicht außer Acht lassen. Dieses Vorkaufsrecht besteht allerdings nur bei gewerblichen Mietern und nicht für Mieter an sich. Dem gewerblichen Mieter muss die Immobilie zu dem Preis zum Kauf angeboten werden, zu dem er sie an einen Dritten verkaufen würde. Hat der Eigentümer dieses Angebot dem Mieter gemacht, der es aber ablehnt zu kaufen, weil der Preis zu hoch ist und verkauft der Eigentümer dann an einen Dritten, so ist Vorsicht geboten, wenn der im Notarkaufvertrag angegebene Kaufpreis unter dem Betrag liegt, der dem Mieter angeboten wurde. Denn der Eigentümer hätte dem Mieter die Wohnung zu dem Preis zum Kauf anbieten müssen, der im notariellen Vertrag steht.

Liegt der im Notarvertrag angegebene Kaufpreis unter dem Mieter gemachten Angebot, hat der Mieter ein gesetzliches Rückkaufsrecht. Sein Rückkaufsrecht muss der Mieter innerhalb von 6 Monaten nach Eintragung des Notarvertrages in das Register gerichtlich geltend machen. Bei gewerblichen Mietern ist der Mieter mit 18 Monatsmieten zu entschädigen. Wenn das Mietverhältnis aufgrund des Willens des Vermieters beendet wird, weil der Vermieter dadurch dem Mieter die Möglichkeit der Fortführung seines Geschäftes nimmt. Dagegen beträgt die Entschädigung 21 Monatsmieten, wenn es sich um eine Tätigkeit im Hotelierbereich handelt.

Macht der Mieter aber von seinem Rückkaufsrecht Gebrauch, verliert der Käufer das soeben erworbene Eigentum wieder. Der Käufer erhält vom Rückkaufsberechtigten den Kaufpreis, so wie er sich aus dem Notarvertrag ergibt. Er trägt somit auch das Risiko, nicht den vollen Kaufpreis erstattet zu erhalten, besonders dann, wenn ein Teil des Kaufpreises inoffiziell den Besitzer in bar gewechselt hat und der Verkäufer diesen Differenzbetrag in bar nicht zurückerstatten will oder kann, da er das Geld nicht mehr besitzt.

Dem Käufer einer Ferienwohnung ist daher in jedem Fall anzuraten, sich darüber zu informieren, ob in der Vergangenheit das von ihm ausgewählte Apartment gewerblich vermietet war und ob dem Mieter sein gesetzliches Vorkaufsrecht ordnungsgemäß angedient worden ist und von ihm ausgeschlagen wurde, bevor er die Wohnung verlassen hat.

Möglich ist auch der Fall, dass der Mieter, der über die laufenden Vertragsverhandlungen zwischen dem Eigentümer und dem Kaufinteressenten informiert ist, sich zunächst bereit erklärt, gegen eine Abfindung die Immobilie freiwillig zu verlassen und dann absprachewidrig doch nicht auszieht, sondern versucht, von dem Erwerber eine noch höhere Abfindung zu erzielen. Beim Erwerb einer Ferienwohnung ist es daher am zweckmäßigsten, wenn diese mieterfrei ist, so dass man nicht darauf achten muss, ob es sich um einen gewerblichen Mieter mit Entschädigungsansprüchen handelt oder um einen normalen Mieter. Auf diese Weise werden von vornherein die Probleme ausgeschlossen. Letztendlich will der ausländische Käufer die Wohnung zum Erholen nutzen und nicht, um sich mit ehemaligen Mietern, des Verkäufers noch gerichtlich auseinandersetzen zu müssen.

Merke: Frühzeitig das Thema Vorkaufsrechte ansprechen und lösen

5.3. Vorkaufsrecht des Staates

Ein solches kann vorliegen, falls eine Immobilie verkauft werden soll, die aus geschichtlichen oder künstlerischen Gründen als besonders wertvoll einzustufen ist. In diesem Fall ist den Behörden Mitteilung zu machen. Der Staat muss die Möglichkeit haben, darüber zu entscheiden, die Immobilie in sein Eigentum übergehen zu lassen oder nicht. Die Frist hierfür beträgt zwei Monate. Bei Immobilien, die hiervon betroffen sein könnten, ist daher besondere Vorsicht geboten. Die Abwicklung erfolgt in der Regel in der Weise, dass ein erster notarieller Kaufvertrag abgeschlossen wird, unter der Bedingung, dass der Staat nicht von seinem Vorkaufsrecht Gebrauch macht. Der Notar kümmert sich darum, dass dem Staat und somit auch der zuständigen staatlichen Behörde das Vorkaufsrecht angedient wird. Nach Fristablauf und ohne dass der Staat bekannt gegeben hat, von seinem Vorkaufsrecht Gebrauch machen zu wollen, wird in einem zweiten notariellen Kaufvertrag das Eigentum übertragen und erst zu diesem Zeitpunkt der Kaufpreis vom Käufer an den Verkäufer bezahlt. Der Staat fordert dann zu einem späteren Zeitpunkt die Steuern für den Eigentumsübergang direkt vom Käufer an. Die Steuerzahlung erfolgt nicht wie üblicherweise über den Notar.

Merke: Vorzeitig überprüfen, ob Vorkaufsrechte des Staates vorliegen

5.4. Vorkaufsrecht auf landwirtschaftliche Grundstücke

Im Falle der Veräußerung von landwirtschaftlich nutzbaren Flächen haben angrenzende Landwirte oder Pächter (*azienda agricola* oder *coltivatore diretto*) die die zu veräußernden Flächen bearbeiten, ein gesetzliches Vorkaufsrecht. Oftmals bezieht sich das Vorkaufsrecht aber nur auf die landwirtschaftlichen Flächen und nicht auf das sich darauf befindliche Gebäude, wenn letzteres als *urbano* katastermäßig umgeschrieben worden ist. Sollte das Gebäude jedoch als *rurale* eingeschrieben sein, würde sich das gesetzliche Vorkaufsrecht auf darauf erstrecken.

Um zu wissen, ob ein vorkaufsberechtigter Nachbar von seinem Vorkaufsrecht Gebrauch machen will, sollte diesem formell der Vorvertrag zugestellt werden, so dass er ab dem Zustellungsdatum 30 Tage Zeit hat, von seinem Recht Gebrauch zu machen zum gleichen Preis erwerben zu wollen. Reagiert der Vorkaufsberechtigte innerhalb der Frist von 30 Tagen nicht, dann kann er keine Ansprüche mehr stellen. Erst nach Ablauf der Frist kann der Notarvertrag abgeschlossen werden, ohne dass das Risiko des Rückkaufsrechts besteht, welches der Vorkaufsberechtigte hätte, wenn er von der Veräußerung Kenntnis erlangt, könnte er innerhalb von 12 Monaten ab der notariellen Verbriefung durch Antrag bei Gericht seinen Anspruch auf Rückkauf geltend machen.

Anstelle der Zustellung des Vorvertrages könnte man aber auch die Verzichtserklärungen der Berechtigten einholen. Diese müssen jedoch korrekt formuliert sein, damit der Vorkaufsberechtigt daraus entnehmen kann, worauf er verzichtet.

Merke: Um nicht zu riskieren die Immobilie an einen Vorkaufsberechtigten zu verlieren, unbedingt diesen Punkt klären

6. Räumungsklage

Hat unser Italienfreund eine Wohnung gekauft, weil diese ihm preislich besonders günstig erschien, die aber vermietet ist, muss er grundsätzlich einen langen
Atem haben. Denn sollte er den Weg der Räumungsklage beschreiten müssen, wird es mitunter Jahre dauern, bis er die Immobilie mieterfrei bekommt,
es sei denn, dass er Glück hat und der Mieter letztendlich aus irgendwelchen
privaten Gründen auszieht und damit die Wohnung freigibt. Das Problem der
Räumungsklage ist, auch wenn der Titel erfolgreich erstritten wurde, seine
Durchsetzung, das heißt die zwangsweise Räumung der Wohnung durch den
Gerichtsvollzieher, die sehr viel Geduld abnötigt, da der Gerichtsvollzieher,
je nachdem wo die Räumung durchzuführen ist, viele Male zwar einen Räu-
mungsversuch startet, aber erst nach einer Anzahl von Versuchen polizeiliche
Hilfe in Anspruch nehmen kann. Ein Räumungsverfahren kann sich daher auch
Jahre hinziehen, vor allem in Gemeinden, in denen keine Ersatzwohnungen zur
Verfügung stehen. Das ist auch der Grund, warum viele erfolglose Versuche
unternommen werden. Die Behörden (besonders in Großstädten) sind mit den
Mietern, die auf der Straße landen, einfach überfordert, so dass sich diese Praxis, die Räumung in die Länge zu ziehen und zwar auf Kosten des Eigentümers,
leider durchgesetzt hat. Das Problem der Räumung wird dann noch in besonderen Zeiten, wie in einer Pandemie erheblich verschärft, da der Gesetzgeber
Räumungen aussetzen kann, bis sich die Zeiten wieder ändern. Ganz besonders groß ist das Pech, wenn man einen zahlungsunfähigen oder zahlungsun-
willigen Mieter hat, der nicht daran denkt, freiwillig auszuziehen. In welchem
Zustand der Mieter die Wohnung dann letztendlich verlässt und welche Schäden zu beheben sind, die auch absichtlich verursacht wurden, steht wiederum
auf einem anderen Blatt. Auch dieses Risiko sollte man mit einkalkulieren.

Jemand, der das Risiko liebt, könnte zwar auf diesem Wege beim Kaufpreis
zunächst einiges einsparen und gegebenenfalls versuchen, mit dem Mieter eine
Einigung zu erzielen.

*Merke: Rechtzeitig vor dem Kauf über die Erfolgsaussichten einer Räumungs-
klage informieren*

7. Mietkaution

War dagegen eine Ferienwohnung vor dem Verkauf vermietet oder ist sie im
Zeitpunkt des Erwerbs noch immer vermietet, sollte sich der neue Eigentümer vergewissern, dass ihm vom Verkäufer nicht verschwiegen wurde, dass vom

Mieter eine Mietkaution gezahlt wurde. Diese Kaution ist bei Auszug des Mieters an diesen verzinst zurückzuzahlen.

Ein seriöser Verkäufer wird die Unterlagen und Auskünfte hierzu von selbst übergeben. Andernfalls sollte man nicht vergessen, diese anzufordern.

Die Mietkaution beträgt in der Regel drei Nettomonatsmieten. Das Risiko für den neuen Eigentümer besteht darin, diesen Betrag irgendwann einmal zahlen zu müssen, ohne ihn jemals erhalten zu haben.

Merke: Den Verkäufer auf hinterlegter Mietkaution ansprechen und sich vertraglich absichern

8. Mieteinnahmen als Rendite

Besondere Vorsicht ist angeraten, wenn eine Immobilie mit einer hohen Belegungsrate und außergewöhnlich hohen Mieten angeboten wird und daran bestimmte Renditeerwartungen geknüpft werden. Es kann geschehen, dass ein Mieter den Mietvertrag unter Ausnutzung der gesetzlichen Möglichkeiten vorzeitig kündigt, so dass eine neue Vermietung nur noch zu einem viel niedrigeren Mietzins möglich ist. Ratsam ist es daher, sich nicht von zu hohen Mietversprechungen beim Kauf beeinflussen zu lassen und sich am Markt über die realistische Miethöhe zu informieren. Bestehende Mietverträge sollte man sich zur Prüfung vorlegen zu lassen. Damit kann man auch erfahren, was hinsichtlich der Kündigungsmöglichkeiten des Mieters vereinbart wurde.

Merke: Nicht allein auf Versprechungen des Verkäufers vertrauen, sondern diese überprüfen

9. Konkurs des Verkäufers

Dieses Risiko hat der Käufer immer, wenn auf der Verkäuferseite ein Unternehmen (juristische Person) steht. Aber auch der Kauf von einer Privatperson kann dieses Risiko beinhalten, nämlich dann, wenn diese gewerblich tätig ist und somit als Unternehmer zu qualifizieren ist. In diesem Zusammenhang soll jedoch nur ein relevantes Problem aus dem Konkursrecht herausgegriffen werden, das gerade mit dem Immobilienkauf entstehen kann. Ist daher der Verkäufer eine juristische Person, ist diese Problematik besonders zu beachten.

Besondere Aufmerksamkeit ist dem Art. 67 (*Legge Fallimentare*, Konkursrecht) zu widmen, der besagt, dass diejenigen entgeltlichen Verfügungen für unwirksam zu erklären sind, bei denen die vom Gemeinschuldner vorgenommene Leistung oder übernommene Verpflichtung dasjenige erheblich (der Gesetzgeber spricht von einem Viertel) übersteigt, was ihm gegeben oder versprochen wurde. Das Risiko des Konkurses des Verkäufers könnte bis zu fünf Jahre bestehen. Sollte der Kaufpreis mindestens um ein Viertel niedriger angegeben worden sein als der Marktpreis, so unterliegt der Kaufvertrag der Anfechtung, sofern der Kaufvertrag ein Jahr vor der Konkurserklärung des Verkäufers abgeschlossen wurde. In diesem Falle muss der Konkursverwalter die Kenntnis des Käufers über die Zahlungsunfähigkeit des Verkäufers nicht nachweisen, sondern man geht von einer Annahme aus.

Ein Kaufvertrag kann dann nicht angefochten werden, wenn der Kaufpreis angemessen ist und wenn der Immobilienkauf dazu diente, die Immobilie zu Wohnungszwecken für sich und die eigene Familie zu erwerben. Da man über die Angemessenheit eines Kaufpreises durchaus streiten kann und selbst wenn die Anfechtung eines Konkursverwalters nicht korrekt wäre, so müsste man sich auf jeden Fall einem gerichtlichen Verfahren stellen, um sich gegen eine Konkursanfechtung zu wehren, um nachzuweisen, dass die Anfechtung zu Unrecht erfolgt ist.

Ein Kaufvertrag, der trotz eines angemessenen Kaufpreises 6 Monate vor Konkurserklärung des Verkäufers abgeschlossen worden ist, könnte dann angefochten werden, wenn der Konkursverwalter nachweisen kann, dass der Käufer über die Insolvenz des Verkäufers Kenntnis hatte.

Der Eigentümer, der somit den Kaufpreis vom Konkursverwalter zurückfordern müsste, kann natürlich nur den Kaufpreis zurückverlangen, den er im notariellen Kaufvertrag deklariert hat. Wenn ein Teil des Kaufpreises unter der Hand gezahlt wurde, dürfte dies ein bitteres Erwachen werden, denn es bedeutet, dass für die Anmeldung zur Konkurstabelle nur der offizielle Kaufpreis angemeldet werden kann. Wie hoch die Quote dann sein wird, die man für die angemeldete Forderung erhält, steht wiederum auf einem anderen Blatt. Es ist davon auszugehen, dass sich ein Konkursverfahren jahrelang hinzieht und im schlimmsten Fall auch mit einem Totalverlust gerechnet werden muss, wenn die Quote geringfügig ausfällt. Letztendlich kann ein Konkurs den vollständigen Verlust für den Käufer bedeuten. Er hat die Immobilie und den Kaufpreis verloren, es sei denn, dass man die eigene Immobilie nochmals aus dem Konkurs vom Konkursverwalter erwirbt. Dies bedeutet, dass die Immobilie nochmals bezahlt werden muss, so dass in diesem Fall die Hoffnung bleibt, eine möglichst hohe Quote aus dem Konkursverfahren erstattet zu bekommen.

Diesem Risiko des Totalverlustes ist leider nicht vollkommen auszuschließen, wenn man von einem Unternehmen kaufen will, weil dieser nun genau das Traumobjekt zu verkaufen hat. Um wenigstens das Risiko etwas zu verringern, könnte man nur versuchen, Informationen über die Bonität des Verkäufers zu erhalten, z. B. in Erfahrung bringen, ob Wechsel und Schecks protestiert wurden oder ob Zwangsvollstreckungen bestehen. Dies sind in der Regel Indizien dafür, dass es mit dem Verkäufer wirtschaftlich nicht zum Besten bestellt ist.

Erheblich vermindern oder ggf. auch gänzlich vermeiden kann man dieses Problem, indem der volle Kaufpreis beim Notar angegeben wird und man sich nicht dazu überreden lässt, unterzuverbriefen. Denn besteht Angemessenheit (d. h. der beim Notar angegebene Kaufpreis stimmt mit dem Marktwert überein) zwischen bezahltem Kaufpreis und dem Marktwert der Immobilie, hat der Konkursverwalter keinen Grund, den notariellen Kaufvertrag anzufechten, mit dem Argument, die Immobilie sei unter dem Marktwert verkauft worden. Eine Garantie allerdings, dass er es dann nicht tut, hat man jedoch nicht.

Merke: Besondere Vorsicht beim Kauf von einem Unternehmen walten lassen

10. Konkursrisiko beim Erwerb vom Bauträger

Im Juli 2005 ist ein Gesetz in Kraft getreten (Gesetz Nr. 189 vom 2.8.2004), das der Gesetzgeber seinerzeit als eine Neuerung eingeführt hat, die den privaten Erwerber beim Kauf einer noch zu errichtenden Immobilie vom Bauträger schützen soll. Diese Reaktion des Gesetzgebers war notwendig, da im Falle eines Konkurses des Bauträgers eine Vielzahl von Familien in erhebliche Schwierigkeiten gekommen waren, da zum einen geleistete Anzahlungen verloren waren und zum anderen sie auch die Immobilie, die meist nicht mal fertig gestellt war, nicht bekommen konnten. Anwendbar ist das Gesetz nur auf natürliche Personen, juristische Personen sind ausgeschlossen.

Nach diesem Gesetz muss der Bauträger eine Garantie in Form einer Bankgarantie oder einer Versicherungspolice dem Käufer übergeben, durch die geleistete und zukünftig zu leistenden Zahlungen abgesichert werden sollen. Bei Unterzeichnung des Vorvertrages, der die einzelnen Zahlungsfälligkeiten in der Regel festhält, die bis zum Notarvertragsdatum, je nach Phase des Bauabschnitts, fällig werden, muss von dem Bauträger eine Bürgschaft oder eine Versicherungspolice übergeben werden, die sämtliche Teilzahlungen absichert. Gesetzliche Grundlage ist das sog. D.Lgs. 14-19 welches neue Regeln eingeführt hat, um zu vermeiden, dass die Bauträger versuchen, die Garantien zu umgehen, die sie für Zahlungen nach Fortschreiten der Bauarbeiten vom Käufer erhalten. Vorgeschrieben ist nun, dass zum Erhalt der Garantien die Unterschriften der Parteien unter den Vorvertrag von einem Notar beglaubigt werden müssen, oder dass der Vorvertrag in Form einer öffentlichen Urkunde (sog.

atto pubblico) zu errichten ist. Sinn und Zweck dieser Garantie ist es, den Verbraucher vor einem Totalverlust durch einen Konkurs des Bauträgers zu schützen. Diese im Vorvertrag enthaltene Klausel ist zwingend. Sollte sie nicht enthalten sein und der Bauträger demzufolge auch keine Garantie in Form einer Bürgschaft oder Versicherungspolice geleistet haben, wäre der Vorvertrag null und nichtig.

Gerade beim Erwerb vom Bauträger kommt es auch immer wieder vor, dass bei oder vor der notariellen Verbriefung Absprachen zwischen Käufer und Verkäufer getroffen werden, wonach ein Teil des Kaufpreises nicht deklariert werden soll, sondern bar übergeht. Da beim Erwerb vom Bauträger die Erwerbssteuern (Mehrwertsteuer von 4 % oder 10 %) sich aus dem anzugebenden Kaufpreis errechnen und nicht aus der steuergünstigeren Bemessungsgrundlage des Katasterwertes, kann der Käufer durchaus versucht sein, dem Verkäufer und sich einen Gefallen zu tun und weniger zu deklarieren. Das wäre ein Fall der Steuerhinterziehung mit allen damit verbundenen Risiken.

Weiterhin ist der Bauträger verpflichtet, dem Käufer bei Abschluss des notariellen Vertrages eine Versicherung für Schäden infolge von Baumängeln zu übergeben. Diese Versicherung muss für eine Dauer von 10 Jahren ab Abschluss der Arbeiten bestehen und den Ersatz von Schäden, an der Immobilie selbst oder bei Dritten, garantieren.

Merke: Vorsicht beim Erwerb vom Bauträger wegen hoher Grunderwerbssteuern

11. Familienrecht und Güterrecht

Ist der Käufer verheiratet und lebt mit seinem Ehegatten in *comunione legale dei beni,* was der deutschen gesetzlichen Zugewinngemeinschaft ähnlich kommt und die gesetzliche Regelung für den Fall darstellt, dass kein anderes Güterrecht gewählt wurde, wie z. B. die Gütertrennung oder Gütergemeinschaft, so ist es ratsam, wenn der Vorvertrag bereits von beiden Ehegatten, die kaufen, unterschrieben wird. Andernfalls könnte von dem nicht am Vorvertragsabschluss beteiligten Ehegatten die Unterschrift unter den notariellen Kaufvertrag verweigert werden, so dass die Immobilie nicht übertragen werden könnte, insbesondere wenn die finanziellen Mittel für den Erwerb von beiden Ehegatten aufgebracht werden müsste. Es reicht aber auch aus, dass nur ein Ehegatte erwirbt, wenn er erklärt, dass er mit eigenen, persönlichen finanziellen Mittel erwirbt. Diese Erklärung ist vor dem Notar abzugeben und ist dem Notar bei der Vorbereitung seines Vertrages bereits bekannt zu geben. In diesem Fall wäre auch die Unterschrift des anderen Ehegatten unter den Vorvertrag nicht erforderlich, wenn ohnehin feststeht, dass nur ein Ehegatte das Eigentum erwerben soll und entsprechendes notariell festgehalten wird.

Nach italienischem Recht werden Ehegatten, die im gesetzlichen Güterstand leben, automatisch Miteigentümer. Teilweise wird über die Makler fälschlicherweise behauptet, dass dies auch für deutsche Ehegatten so gelten würde und angewandt werden müsste. Dies ist unzutreffend. Denn der Notar muss das Güterrecht des Landes des Käufers berücksichtigen. Nach deutschem Güterrecht ist ein Erwerb im Falle der deutschen Zugewinngemeinschaft daher auch nur für einen Ehegatten möglich. Es muss dies aber rechtzeitig dem Notar gegenüber erklärt werden, damit dies entsprechend im Vertrag festgehalten werden kann. In der Praxis wird dies auch mal gerne von den Notaren übersehen und sie gehen automatisch davon aus, dass beide deutsche Ehegatten Miteigentümer werden wollen. Ist dies gerade nicht gewollt, so sollte unbedingt dieser Punkt im Vorfeld abgeklärt werden.

Ist ein Erwerber ausländischer Staatsangehöriger mit unterschiedlicher Nationalität, so ist gesetzlich vorgesehen, dass bei Eheleuten das anzuwendende Recht, welches die vermögensrechtlichen Fragen der Ehegatten regelt, das Recht ist, das auch ihre persönlichen Beziehungen regelt. Jedoch haben die Ehegatten die Wahl, ihre vermögensrechtlichen Beziehungen nach dem Recht des Staates bestimmen zu lassen, dem einer angehört.

Der Notar ist daher vor Vertragsabschluss gehalten, sich über dieses Problem Klarheit zu verschaffen. Vor allem dann, wenn beabsichtigt ist, dass nur einer der Ehegatten Eigentümer werden soll.

In der Praxis kann der Notar, der mit der Kaufvertragsabfassung befasst ist, üblicherweise darauf drängen, dass der Erwerber entweder eine Vollmacht des Ehegatten, auch in dessen Namen handeln zu können, vorlegt, oder er wird sogar die Anwesenheit des Ehegatten fordern und sich dessen Verzicht unterschreiben lassen. Es häng daher davon von der Handhabung des beauftragten Notars ab, wie er die Sache löst.

Merke: Familienstand der Vertragsparteien überprüfen, um rechtzeitig mitzuteilen, wer das Eigentum erwerben soll

12. Hypotheken und andere belastende Eintragungen

Die Hypothek folgt der Immobilie, das heißt wechselt die Immobilie den Eigentümer, geht die Hypothek mit der Immobilie auf den neuen Eigentümer über. Sollte daher trotz aller Zusicherungen des Verkäufers doch noch eine Hypothek vor dem notariellen Kaufvertragstermin auftauchen, muss diese entweder zuvor oder im Zeitpunkt der notariellen Abwicklung gelöscht werden. Wird die Hypothek erst nach vollständiger Kaufpreiszahlung entdeckt, also nachdem der endgültige Vertrag unterschrieben worden ist, was höchst selten ist, was bedeutet, dass der Notar bei seiner Überprüfung im Vorfeld übersehen hätte und somit einen Fehler begangen hat. In jedem Fall lässt sich das Risiko, eine eingetragene Hypothek vorzufinden, vermeiden. Es erfordert eine frühzeitige Überprüfung. Ein Käufer kann schon vor Abschluss des Vorvertrages ein Interesse daran haben zu erfahren, ob die Immobilie mit einer Hypothek belastet ist. Es ist auch nicht ausgeschlossen, dass eine Hypothek den Kaufpreis übersteigt. Hierzu muss man wissen, dass bei einem Darlehen, das eine italienische Bank gewährt hat, diese sich eine Hypothek in doppelter Höhe des Darlehensbetrages zur Absicherung eintragen lässt. Damit sollen alle eventuellen Risiken von anfallenden Kosten, so wie z. B. auch die eines Zwangsversteigerungsverfahrens, sollten die Darlehensraten nicht getilgt werden können, abgesichert werden. Wer bereits vor Vorvertragsabschluss hierzu Zweifel hat, die ausgeräumt werden sollen, kann eine Überprüfung entweder durch einen Notar oder durch ein Dienstleistungsunternehmen vornehmen lassen.

Andere belastende Eintragungen, wie z. B. durch Zwangsvollstreckungsmaßnahmen, Eintragung einer Klage ins Grundbuchamt entstanden sind, die teilweise nur durch unter Zuhilfenahme des Gerichts wieder gelöscht werden könnten. Es ist daher wichtig so früh wie möglich konkret zu wissen, ob und welche belastenden Eintragungen bestehen. Denn hat der Verkäufer einmal eine Anzahlung erhalten und bestehen belastende Eintragungen, für deren Löschung finanzielle Mittel benötigt werden, kann dies ein nicht unerhebliches Hindernis beim Kauf werden, vor allem, wenn wie gesagt, Gläubiger des Verkäufers und oder gar ein Gericht mitwirken müssen, um belastende Eintragungen aus den Registern löschen zu können. In solchen Fällen ist es auch zeitlich schwer abschätzbar, wann die Immobilie lastenfrei sein wird.

Merke: Frühzeitige Überprüfung auf belastende Eintragungen jeglicher Art

13. Dienstbarkeiten, vom Verkäufer verschwiegene Vereinbarungen, Belastungen, Nießbrauch

Das italienische Recht unterscheidet zwischen Nutzungsrechten und Sicherungsrechten. Da die Nutzungsrechte dem Sachenrecht zugeordnet werden, unterliegen sie auch den Regelungen der Verjährung, sofern diese Rechte nicht ausgeübt bzw. vor Ablauf der Verjährung erneuert werden. Die dinglichen Rechte, die einer Person zustehen sind:

Nießbrauch (*usufrutto*)

Dieser entspricht weitgehend dem deutschen Nießbrauch. An der Immobilie, an der dieses Recht besteht, darf keine Nutzungsänderung vorgenommen werden. Ihre Substanz ist zu erhalten und darf nicht angetastet werden. Der Nießbrauch entsteht entweder durch Gesetz oder Vertrag oder durch Testament, und er kann auch ersessen werden.

Ist eine Immobilie mit einem Nießbrauch oder Wohnrecht belastet, so müsste auch der Inhaber dieses Rechts beim Verkauf mitwirken und seine Zustimmung zur Lösung seines Rechts erteilen, damit der Käufer lastenfrei erwerben kann.

Eigennutzung (*uso*) und Wohnrecht (*abitazione*)

Sowohl die Eigennutzung als auch das Wohnrecht können nur in dem Rahmen der Bedürftigkeit des Berechtigten und seiner Familie ausgeübt werden. Als eine Unterart der Dienstbarkeit geben diese dem Berechtigten nur eingeschränktere Rechte, die an die begünstigte Person, also den Berechtigten, gebunden sind.

Es gibt eine Vielzahl an Möglichkeiten, die die Rechte des Eigentümers an seiner Immobilie hauptsächlich hinsichtlich seiner Nutzung einschränken können. Eine dieser Einschränkungen soll hier ausführlicher erörtert werden, da hiervon besonders Baugrundstücke betroffen sein können. Es handelt sich um die Grunddienstbarkeit, die sog. *servitù*, mit der zugunsten eines Nachbargrundstücks darauf verzichtet wird, auf dem eigenen Grundstück zu bauen, bzw. nur noch eingeschränkt bauen zu können.

Es handelt sich um ein dingliches Recht am Grundstück, das dem Grundstückseigentümer die Möglichkeit gibt, einem Nachbargrundstückseigentümer eine bestimmte Anzahl an Kubikmetern durch Vertrag zu übertragen, die der Nachbar benötigt, um wiederum auf seinem eigenen Grund und Boden bauen zu können, um die notwendige Anzahl der vorgeschriebenen Kubikmeter zusammenzubringen.

Voraussetzung hierfür ist, dass die betroffenen Grundstücke in der gleichen Gegend liegen. Darüber hinaus muss, um von dieser Dienstbarkeit auch tatsächlich Gebrauch machen zu können, von der zuständigen Behörde die Baugenehmigung erteilt worden sein, unter der Voraussetzung, dass die für den Bau erforderliche Kubikmeterzahl vorhanden ist. Dieses Recht bauen zu können, weil ein Nachbargrundstück seine Kubikmeter zur Verfügung stellt, muss als sog. *servitù* in das Register eingetragen werden. Es stellt für das die Dienstbarkeit gewährte Grundstück eine Belastung dar. Dies hat zur Folge, dass auf dem belasteten Grundstück hinsichtlich der verbliebenen Kubikmeteranzahl entweder gar nicht mehr oder nur noch eingeschränkt gebaut werden darf.

Gerade bei Baugrundstücken oder Ferienwohnungen mit Grundstück besteht durchaus die Möglichkeit, dass ein früherer Eigentümer eine solche *servitù* zu Gunsten des Nachbarn bewilligt hat, mit der Folge, dass beabsichtigte Baupläne überhaupt nicht oder nur noch eingeschränkt verwirklicht werden dürfen.

Merke: Bei Baugrundstücken darauf achten, dass uneingeschränkte Bebaubarkeit gegeben ist

Oftmals gibt es gerade im ländlichen Bereich auch Vereinbarungen, die schon vom Voreigentümer des Verkäufers mit den Nachbarn getroffen wurden. Diese Belastungen können beispielsweise sein:

Wege- und Leitungsrecht, die Verpflichtung, nicht zu bauen oder nur eingeschränkt zu bauen etc. Unabhängig von der Art der Belastung kann dies in erster Linie eine Minderung ihres Wertes der Immobilie bedeuten.

Weitere Einschränkungen können sich beispielsweise ergeben aus:
- Auflagen seitens des Forstes;
- Erklärung, dass das Grundstück sich in einem Erdrutschgebiet befindet, was eine Bebauung unmöglich oder nur sehr begrenzt möglich machen würde;
- behördliche oder gemeindliche Pläne, die ein bestimmtes Gebiet zu einer bestimmten Nutzbarkeit zugeordnet haben (landwirtschaftliche Gebiete, Grünzonen);
- Auflagen bei Grundstücken, die im Bereich von Straßen oder Friedhöfen liegen;
- Auflagen bei Grundstücken, die in der Nähe von Flughäfen liegen;
- Auflagen bei Grundstücken, die sich in der Nähe von Eisenbahnlinien befinden;
- Auflagen bei Grundstücken, die unter die sog. *bellezze naturali,* d. h. besonders schöne Naturlandschaften, fallen und eine Bebauung unmöglich oder nur sehr eingeschränkt möglich machen;
- besondere gemeindliche Belange, die es zu beachten gilt und die eine Bebauung unmöglich machen, bzw. einem Eigentümer besondere Auflagen für bereits existierende Immobilien machen.

Um in diesem Labyrinth der gesetzlichen und privaten Einschränkungsmöglichkeiten der Rechte an einer Immobilie nicht zu verzweifeln, sollte der Rat eines Fachmannes hinzugezogen werden, der zunächst einmal überprüft, ob und welche Beschränkungen vorliegen. Dies gilt insbesondere für diejenigen Beschränkungen, die auf den ersten Blick nicht offensichtlich sind.

Merke: Sorgfältige Überprüfung durch einen Experten hinsichtlich bestehender Auflagen oder Einschränkungen

14. Unverkäuflichkeit der Immobilie

Nach Abschluss des Vorvertrages kann es vorkommen, dass dem Erwerber vom Notar mitgeteilt wird, dass die Immobilie unverkäuflich sei. Dies kann besonders von zwei Gründen abhängen. Einer dieser Gründe – und leider kommt dies nicht selten vor – ist, dass die Immobilie ganz oder zum Teil ohne die erforderlichen Genehmigungen gebaut bzw. umgebaut wurde und nicht rechtzeitig von einem Amnestiegesetz Gebrauch gemacht wurde, um den Bau nachträglich genehmigen zu lassen. Liegt daher keine nachträgliche Heilung der Gesetzwidrigkeit vor, kann die Immobilie per Vertrag unter Lebenden nicht den Eigentümer wechseln. Eine nachträgliche Heilung von Gesetzesverstößen, die weniger schwerwiegend sind, kann auch in Form der bereits angesprochenen *sanatoria* erfolgen. Es ist ratsam, dies immer von einem Experten frühzeitig klären zu lassen, welche nachträgliche Heilungsmöglichkeiten für einen konkreten Gesetzesverstoß möglich sind. Der Notar darf bei Kenntnis von Gesetzesverstößen keine Verbriefung vornehmen. Wenn diese Verstöße nicht behoben werden können, ist die Immobilie unverkäuflich.

Hat der Verkäufer bei den Verkaufsverhandlungen daher nicht daran gedacht, diese „Kleinigkeit" zu erwähnen, was klarer ausgedrückt heißt zu erwähnen, dass „schwarz" gebaut wurde, so müsste er dem Käufer die Anzahlung zurückerstatten, gegebenenfalls sogar in doppelter Höhe (Anzahlung und Vertragsstrafe). Verlieren können beide Parteien jedoch die Maklerprovision. Der Anspruch des Maklers entsteht aufgrund Gesetzes mit Abschluss des Vorvertrages.

Der zweite Grund für die Unverkäuflichkeit kann darin liegen, dass die gesetzliche Frist für den Verkauf der Immobilie noch nicht abgelaufen ist (z. B. bei Gesetzen, durch die die Baufinanzierung begünstigt wurde oder bei subventioniertem Hausbau).

Merke: Überprüfen lassen, dass keine Unverkäuflichkeitsmerkmale vorliegen

15. *Condono* und *Sanatoria* (Amnestien)

Das Allheilmittel von Baurechtsverstößen durch Gesetzesamnestien hat der italienische Staat mehrfach in der Vergangenheit angewandt. Damit wurden rechtswidrige Baurechtsverstöße umgewandelt, d. h. nachträglich als für rechtmäßig erklärt und der Staat konnte auf diese Weise die chronisch leeren Staatskassen zumindest vorübergehend etwas auffüllen. Diese Vorgehensweise war natürlich höchst umstritten, denn gerade gesetzestreuen Bürgern widerspricht dies deren Gerechtigkeitsempfinden. Denn eigentlich bekommen dadurch die Gesetzesbrecher nachträglich noch ein Geschenk gemacht, auch wenn es dann einiges kostet.

Das *condono*, also die Amnestiemöglichkeit hat der Staat bereits 1985 zur Verfügung gestellt, das sog. *vecchio condono edilizio*. Die Möglichkeit durch Amnestie Baurechtsverstöße zu heilen, wurde dann basierend auf dem ersten Gesetz nochmals 1994 und 2003 zur Verfügung gestellt.

Diese Amnestien haben heute insofern noch eine Relevanz, da beim Verkauf oder Kauf einer Immobilie, für alle baulichen Maßnahmen, die nach 1967 erfolgt sind, die entsprechenden Baugenehmigungen vorzulegen sind. Eine nachträgliche Genehmigung kann daher auch durch ein Amnestieverfahren erlangt worden sein, so dass die Nachweise des durchgeführten *condono* vorzulegen sind. Wer solche Nachweise nicht vorlegen kann, weil er trotz Baurechtsverstößen keine Amnestie durchgeführt hat, kann seine Immobilien nicht unter Lebenden übertragen. Die Immobilie würde erst dann mit dem Tode auf seine Erben übergehen, die aber ihrerseits auch nicht veräußern könnten.

Nicht vergessen werden darf ferner, dass eine Behörde, die Kenntnis von Baurechtsverstößen erhält von Amts wegen gehalten ist, Mitteilung an die Staatsanwaltschaft zu machen, die ein Strafverfahren gegen die Eigentümer in die Wege leitet. Von Strafverfahren wegen Baurechtsverstößen sind auch ausländische Bürger nicht verschont. Für die Einleitung eines Strafverfahrens hängt es auch von der Schwere des Verstoßes im Einzelfall ab.

Neben der Amnestie gibt es die Möglichkeit bei kleineren Vergehen diese mit einem Antrag auf *sanatoria* nachträglich heilen zu lassen. Möglich ist dies allerdings nur unter den nachfolgenden Voraussetzungen:

Im Zeitpunkt der begangenen Gesetzeswidrigkeit müssen die Voraussetzungen für die Erteilung der baulichen Maßnahmen vorgelegen haben. Das bedeutet: hätte jemand den Antrag auf z. B. Umbauarbeiten bei der Gemeinde gestellt und dieser wäre erteilt worden und im Zeitpunkt der Antragstellung auf *sanatoria* würden diese Genehmigungsvoraussetzungen noch immer vorliegen, kann der Baurechtsverstoß nachträglich geheilt werden. Selbstverständlich wird auch hier eine Geldstrafe, in Abhängigkeit der Schwere des Verstoßes, fällig.

Lagen allerdings weder im Zeitpunkt der Bauarbeiten noch im Zeitpunkt der Antragsstellung auf *sanatoria* die Voraussetzungen zur Erteilung der nachträglichen Heilung des Gesetzesverstoßes vor, kommt die sog. *sanatoria* nicht zur Anwendung. In diesem Falle muss der Eigentümer mit einem Strafverfahren rechnen und den illegalen Zustand der Baumaßnahmen wieder rückgängig machen.

Merke: *Bei Verdacht auf Baurechtsverstöße unbedingt einen Experten hinzuziehen*

16. Tatsächlicher Zustand der Immobilie

Eine genaue Inaugenscheinnahme kann sowohl beim Neubau als auch bei einer gebrauchten Wohnung sehr nützlich und erkenntnisreich sein und bereits vorab einen Einblick verschaffen, mit welchen Problemen man konfrontiert werden kann und welche Kosten für Erneuerung oder Instandhaltung veranschlagt werden müssen.

Zu diesem Kontrollgang gehört auch, dass die Gemeinschaftseinrichtungen bei einem Kondominium mit einbezogen werden. Denn sollten sich diese in einem desolaten Zustand befinden, ist schon bald mit Sonderzahlungen für Reparaturen zu rechnen. Da in Italien keine Rücklagen gebildet werden, können diese Reparaturen erhebliche Kosten verursachen.

Da in Italien erst seit 1990 gesetzlich vorgeschrieben wurde, dass die elektrischen Leitungen bzw. die Elektrik jeder Wohnung geerdet und einem bestimmten Standard angepasst werden müssen, ist es zweckmäßig, auch dies zu überprüfen. Denn gerade Altimmobilien dürften sicherlich diesen Standards nicht mehr genügen. Wichtig ist, dass sämtliche Versorgungsanlagen wie Strom, Heizung, Wasser, Gas etc. ursprünglich, d. h. im Zeitpunkt der Errichtung gesetzeskonform errichtet wurden. Das bedeutet, selbst wenn eine Immobilie 30 Jahre und älter ist, aber seinerzeit gesetzeskonform gebaut wurde, kann diese natürlich auch problemlos übertragen werden, selbst wenn die Versorgungsleitungen, wie Strom, Gas, Wasser nicht mehr den aktuellen Normen entsprechen.

Merke: Genaue Überprüfung der Immobilien vornehmen oder durch einen Experten vornehmen lassen

17. Gewährleistungsansprüche

Falls im Kaufvertrag über die Gewährleistung keine Regelung getroffen wurde, kommen die gesetzlichen Regelungen zum Zug.

Die Rechte des Käufers ergeben sich aus Art. 1490 c.c. Danach garantiert der Verkäufer, dass die Sache frei von Mängeln ist, die den Gebrauch der Sache einschränken oder unmöglich machen. Art. 1495 c.c. verpflichtet den Käufer diese Mängel innerhalb von 8 Tagen, nachdem er sie erkannt hat, anzuzeigen. Alle Ansprüche verjähren in jedem Fall ein Jahr nach Übergabe der Immobilie. Die Übergabe der Immobilie erfolgt in der Regel am Tag der notariellen Kaufvertragsabwicklung. Die Frist gilt auch für versteckte Mängel, die im Zeitpunkt der Übergabe als solche nicht zu erkennen waren. Die Mängelanzeige sollte auf jeden Fall schriftlich und per Einschreiben mit Rückschein erfolgen, da ansonsten der Verkäufer behaupten könnte, dass er keine fristgerechte Kenntnis von der Mängelanzeige erhalten hat. Durch den Rückschein erhält man den Nachweis, dass die Mängelanzeige dem Verkäufer zugegangen ist. Der Zugang muss nicht innerhalb der 8 Tagefrist erfolgen, sondern ist nur innerhalb dieser Frist zu verschicken. Letzten Endes hat es aber der Käufer in der Hand, ab wann er die kurze Frist der Feststellung des Vorhandenseins eines Mangels festlegt und dem Verkäufer mitteilt.

Darüber hinaus gibt es noch die 10-jährige Gewährleistungshaftung für Mängel, die das Werk im Laufe von 10 Jahren ab Herstellung wegen Mangelhaftigkeit des Bauwerkes oder wegen eines Baumangels ganz oder teilweise zerstören oder offensichtlich die Gefahr der Zerstörung oder schwerer Mängel des Werkes begründen. Die Ansprüche verjähren in einem Jahr, nachdem der Fehler entdeckt worden ist.

Mängel bei Neubauten richten sich nach den Werkvertragsregeln, die sich aus den Art. 1655 ff c.c. ergeben. Danach haftet der Bauunternehmer für die Mangelfreiheit des Bauwerks, es sei denn, dass der Bauherr den Mangel kennt und akzeptiert hat. Andernfalls ist der Bauherr gehalten, den Mangel innerhalb einer Frist von 60 Tagen ab Feststellung dem Bauunternehmer mitzuteilen. Nach Ablauf dieser Frist können die Mängel nicht mehr geltend gemacht werden. Die Möglichkeit zur Geltendmachung verjährt weiterhin innerhalb von 2 Jahren ab Übergabe der Immobilie. Auch in diesem Fall ist es empfehlenswert dem Bauträger den festgestellten Mangel durch Einschreiben mit Rückschein mitzuteilen, um einen Nachweis über die Mitteilung zu haben.

Merke: Fristen für die Mängelbekanntgabe beachten

18. Kauf vom Bauunternehmer – Garantie der Anzahlung durch Bürgschaft oder Versicherungspolice

Wer eine Immobilie direkt vom Bauunternehmer erwerben will, kauft nach einem Projekt und die Zahlungen werden mit dem Voranschreiten der Bauarbeiten fällig. Die Fälligkeiten der Zahlungen ergeben sich aus dem Vorvertrag.

Seit der Einführung des gesetzlichen Dekrets Nr. 122 aus dem Jahre 2005 sind die Bauträger verpflichtet, für die Zahlungen, die sie von einem Käufer erhalten, Sicherheit durch Übergabe einer Bankbürgschaft oder einer Versicherungspolice zu leisten. Der Bauunternehmer benötigt die Vorauszahlungen, um bauen zu können. Zumindest diese Zahlungen bedeuten für den Bauträger Kapital, für das keine Zinsen für eine Finanzierung anfallen, auch wenn er dafür Kosten für die Garantien zu tragen hat, die sicherlich eingepreist sein dürften. Ein ausländischer Erwerber sollte daher darauf achten, dass ihm die Bürgschaft von seinem Bauträger rechtzeitig, also im Zeitpunkt des Vorvertragsabschlusses, ausgehändigt wird. Allerdings müssen die Unterschriften der Parteien unter den Vorvertrag beglaubigt werden, da dies Voraussetzung dafür ist, dass die Garantie auszuhändigen ist. Denn ein Bauträger geht auch mal gerne von der Annahme aus, dass der ausländische Erwerber von dieser Verpflichtung keine Kenntnis hat. Gerne wird auch ein Mischvertrag formuliert, um zu versuchen, den Schwerpunkt mehr auf den Kauf als auf die Errichtung eines Bauwerkes zu legen. Beim Kauf gibt es keine Verpflichtung für den Verkäufer, die Zahlungen, die er vom Käufer erhält, durch Garantien abzusichern.

Die Vorteile beim Kauf vom Bauunternehmer liegen auf der Hand, da die persönlichen Wünsche bei der Errichtung des Bauwerks Berücksichtigung finden können. Selbstverständlich werden Sonderwünsche, die über die Standards der Baubeschreibung hinausgehen, auch gesondert in Rechnung gestellt. Es sollte daher immer eindeutig festgelegt werden, welche Sonderwünsche zu welchem Preis ausgeführt werden, damit keine Unstimmigkeiten entstehen.

Folgende weitere Aspekte sind noch zu berücksichtigen:
- Wurde das Grundstück, auf dem die Immobilie errichtet werden soll, von dem Bauunternehmen gekauft. Es besteht durchaus auch die Möglichkeit, dass das Bauunternehmen an dem Grundstück nur das sog. *diritto di superficie* hat und nicht Eigentümer des Grundstücks ist.
- Gibt es vergleichbare Objekte, die der Bauunternehmer bereits errichtet hat, um in Erfahrung zu bringen, wie es um die Qualität des Baus steht und ob es Klagen von Käufern wegen Mängelrügen gibt oder gar Rechtsstreitigkeiten anhängig sind.

Merke: Vorsicht beim Kauf vom Bauträger, auf Übergabe der Sicherheiten für die Zahlungen achten

19. Genossenschaften

Eine weitere Form des Erwerbs, die allerdings wegen ihrer Komplexität nur kurz angerissen werden soll, ist die über Kooperativen. Diese bauen in der Regel für ihre Mitglieder ein bestimmtes Projekt, sofern die hierzu erforderliche Anzahl der Mitglieder vorliegt. Die Mitglieder, die auf diesem Wege eine Immobilie erwerben wollen, müssen zunächst eine sog. *prenotazione* unterschreiben, eine Bestellung, mit der gleichzeitig eine erste Anzahlung fällig wird. Das zu errichtende Projekt wird nach Fertigstellung auf die Mitglieder je nach deren Vorbestellung übertragen. Der eigentliche Eigentumsübergang erfolgt erst zum

Schluss per Notarvertrag, nachdem bereits alles vollständig bezahlt worden ist. Darin steckt allerdings auch ein gewisses Risiko. Denn sollte die Kooperative in Konkurs gehen, hätten die Mitglieder bereits alles bezahlt, ohne Eigentümer der Immobilie zu sein. Die Mitglieder sind daher vollkommen davon abhängig, wie gut bzw. schlecht das Management und die Finanzierung des Projektes auf die Beine gestellt wurde. Der Vorteil beim Immobilienkauf durch eine Kooperative ist der, dass diese nicht gewinnorientiert bauen muss und daher eine Immobilie günstiger erworben werden kann als über ein Bauunternehmen, das durch den Verkauf der einzelnen Objekte gewinnorientiert wirtschaften muss.

Merke: Einen Erwerb über eine Kooperative auch unter Risikogesichtspunkten genau abwägen

20. Baugenehmigungen und andere Genehmigungsverfahren

Es stellt sich somit zunächst bei den zu Wohnzwecken dienenden Immobilien die Frage, für welche Art von baulichen Änderungen überhaupt eine Genehmigung erforderlich ist. Hierbei ist von drei unterschiedlichen Situationen auszugehen, es gilt daher, die Art der durchzuführenden Baumaßnahmen einzuordnen:

aa) Bauliche genehmigungsfreie Maßnahmen, sog. *attività di edilizia libera,* können, wenn keine Gründe des Umweltschutzes oder ähnlichem entgegenstehen, auch ohne das Einholen einer Genehmigung durchgeführt werden. Bei diesen Arbeiten handelt es sich vor allem um Arbeiten, die der normalen Erhaltung dienen, so beispielsweise der äußere Anstrich der Fassade, das neue Belegen des Bodens im Innen- und Außenbereich, Arbeiten an Türen und Toren mit Materialien, die mit den bisher benutzten Materialien in Übereinstimmung sind.

bb) Für alle Neubauten, auch solche Nebenbauten, sowie Erhöhungen des bestehenden Volumens sowie Innenausbauten und andere Baumaßnahmen, die speziell in den regionalen Gesetzen aufgelistet sind, ist eine Baugenehmigung erforderlich. Daher muss bei der Gemeinde die sog. *Permesso di costruire* (früher genannt *licenza/concessione edilizia*) beantragt werden.

Die Baugenehmigung wird dem Eigentümer der Immobilie erteilt und das Datum der Baugenehmigung ist maßgeblich für den Beginn der Arbeiten. Der effektive Beginn der Bauarbeiten muss innerhalb Jahresfrist seit der Erteilung der Baugenehmigung erfolgen und muss innerhalb von drei Jahren abgeschlossen sein, sollte nicht eine weitere Genehmigung für eine

Fristverlängerung der 3 Jahren erteilt worden sein. Ohne Fristverlängerung riskiert der Bauherr, dass die ursprünglich erteilte Baugenehmigung ihre Gültigkeit verliert und nicht weiter gebaut werden kann.

cc) Die dritte Möglichkeit ist die der sog. *segnalazione di inizio attività* (S.C.I.A.)

Hierbei handelt es sich um bauliche Maßnahmen, die nicht unter die Kategorie der genehmigungsfreien Arbeiten fallen, aber auch nicht unter die Kategorie der baulichen Maßnahmen, für die von der Gemeinde eine Baugenehmigung einzuholen ist.

Der Gesetzgeber hatte mit Einführung der sog. DIA (*dichiarazione di inizio attività*) seit August 2003 beabsichtigt, dass der Eigentümer eine Erklärung abgibt, mit der er mitteilt, welche Arbeiten er vornehmen wird.

Seit 2010 gibt es sodann noch das an anderer Stelle bereits erwähnte ähnliche Instrument der S.C.I.A. (*Segnalazione Certificata Inizio Attività*). Mit der sogenannten *Riforma Madia* wurde dann in einem zweiten Schritt die DIA endgültig von der S.C.I.A. ersetzt.

Der Eigentümer oder diejenigen, die dazu autorisiert sind, müssen wenigstens 30 Tage vor Beginn der Bauarbeiten die Erklärung abgeben. Vorher darf mit den Arbeiten nicht begonnen werden. Dieser Erklärung muss ein Projekt beigefügt sein, von einem Architekten, Ingenieur oder Geometer, der versichert, dass die vorzunehmenden baulichen Maßnahmen in Übereinstimmung mit dem Baurecht sind. Darüber hinaus muss die Erklärung den Namen der Firma angeben, die mit der Durchführung der Arbeiten beauftragt wird. Auch hier sind die Arbeiten wiederum innerhalb von drei Jahren abschließend auszuführen. Darüber hinaus hat der Eigentümer die Gemeinde über die Beendigung der Arbeiten zu unterrichten.

Sollte die Gemeinde Einwände gegen die Arbeiten haben, so hat sie diese innerhalb der 30-Tage-Frist vorzutragen.

Merke: Bei baulichen Maßnahmen unbedingt vorzeitig einen Experten hinzuziehen

21. Nachbarrecht

Der Nachbar darf weder durch eine erteilte Baugenehmigung noch durch irgendwelche nachträgliche Heilung von Baurechtsverstößen in seinem Nachbarrecht beeinträchtigt werden.

Sollte sich jemand ein gebrauchtes Ferienhaus kaufen und früher oder später bauliche Änderungs-, Ausbau- oder Renovierungsarbeiten vornehmen wollen, ist darauf zu achten, dass die beabsichtigten baulichen Maßnahmen nicht das Nachbarrecht berühren und der Nachbar gezwungen sein wird, gegen die baulichen Maßnahmen vorzugehen, ggf. mit gerichtlicher Hilfe.

Dem Nachbarn dürfte es zum Beispiel missfallen, wenn Änderungen an Fenstern oder Türen vorgenommen werden und dadurch möglicherweise der Blick zum Nachbargrundstück vergrößert wird (Art. 900, 901, 902 c.c.). Es stellt sich daher die Frage, was tun, wenn zwar eine ordnungsgemäße Baugenehmigung vorliegt, aber möglicherweise Nachbarrecht tangiert ist. Nehmen wir daher einmal an, dass der Nachbar zu Recht die Einhaltung seiner Rechte aufgrund des italienischen Codice Civile durchsetzen könnte.

In einem solchen Fall, der durchaus nicht selten ist, ist zu überprüfen, dass der Architekt oder Geometer, der mit der Durchführung von Baumaßnahmen betreut wurde, die erteilte Genehmigung auch ordnungsgemäß eingehalten hat und nicht abweichend von der Genehmigung baut. Die Bauarbeiten wären daher dann auch noch unter dem Aspekt der Respektierung nachbarrechtlichen Vorschriften zu überprüfen, denn trotz gültiger Baugenehmigung kann durchaus eine Verletzung des Nachbarrechts vorliegen.

Will man genehmigte Bauarbeiten ausführen, aber andererseits keinen Streit mit dem Nachbarn verursachen, dessen Rechte möglicherweise betroffen sein könnten, so könnte man eine einvernehmliche Lösung mit dem Nachbar anstreben, was in Schriftform festzuhalten wäre. Der Nachbar verzichtet darauf, gegen die baulichen Maßnahmen vorzugehen und lässt sich seine Bereitschaft zu einer Einigung bezahlen. Je nachdem wie hoch die Forderungen des Nachbarn sind, stellt sich die Frage, ob es nicht günstiger ist, die eigenen Pläne zu überdenken und zu ändern, was unter Umständen eine neue Genehmigung erforderlich macht, damit das Bauvorhaben in Übereinstimmung mit dem Nachbarrecht errichtet werden kann. Gegebenenfalls kann dies auch bedeuten, dass bereits erfolgte Arbeiten wieder abgerissen oder sonst wie rückgängig gemacht werden müssten.

Ein boshafter Nachbar kann durchaus aber auch abwarten, dass die baulichen Maßnahmen erst einmal komplett beendet werden und erst dann Forderungen stellen, weil das Nachbarrecht durch die Baumaßnahmen betroffen ist. Das kann in der Regel eine teure Lösung zur Folge haben, weil man entweder den Nachbar entschädigen muss oder im schlimmsten Fall die durchgeführten Baumaßnahmen rückgängig machen muss, was erheblich teurer kommen kann. Besonders bitter dürfte es sein, wenn der Nachbar kein Geld will, sondern als Prinzipienreiter auf der Rücknahme der baulichen Veränderungen besteht und damit droht und bereit ist, sein Recht vor Gericht durchzusetzen.

Merke: Distanzen zum Nachbar beachten, vor allem wenn bauliche Maßnahmen geplant sind

22. Kauf eines Baugrundstücks zur Errichtung eines Hauses

Sollte sich ein Käufer ein Grundstück ausgesucht haben, das er kaufen will, oder gar schon gekauft hat, um hierauf ein Haus zu errichten, so stellt sich zunächst die grundsätzliche Frage, ob das Grundstück bebaut werden darf und was konkret gebaut werden darf. Praktisch bedeutet dies, dass man sich Gewissheit darüber verschaffen muss, ob das begehrte Bauvorhaben durchsetzbar ist und einem Antrag auf eine ordnungsgemäße Baugenehmigung stattgegeben werden würde. Sollte daher der Verkäufer eines Baugrundstücks zusichern, dass eine Baugenehmigung erteilt werden würde und auch präzise Angaben darüber macht, wie eine Baugenehmigung aussehen könnte, sollte dies auf jeden Fall vertraglich festgehalten werden. Man könnte daher einen Verkäufer vorvertraglich dazu verpflichten, den Bauantrag zu stellen, da nur der Eigentümer eines Grundstücks diesen Antrag stellen kann und den Vorvertrag unter die aufschiebende Bedingung stellen, dass die notarielle Verbriefung erst dann erfolgt, wenn die Baugenehmigung erteilt worden ist. Auch hinsichtlich der dafür entstehenden Kosten, könnte man sich vorvertraglich einigen.

Merke: Zusagen des Verkäufers hinsichtlich des Vorliegens von vorhandenen Genehmigungen unbedingt überprüfen

23. Übereinstimmung der Grundstücksgröße mit den Katasterangaben

Beim Erwerb eines Baugrundstücks ist darauf zu beachten, dass Übereinstimmung des Grundstücks in seiner realen Größe und Beschaffenheit, so wie vom Käufer in Augenschein genommen, mit den Angaben, die sich aus den Katasterplänen und Katasterangaben besteht.

Es soll vermieden werden, dass besonders schlaue Verkäufer dem interessierten Käufer ein wunderschön gelegenes Grundstück zeigen, das angeblich verkauft werden soll. Der Käufer, der darauf vertraut, sein Traumgrundstück gefunden zu haben, wird sich am Ende vielleicht die Augen reiben, wenn er sieht, dass das Grundstück, das er erworben hat, katastermäßig ein ganz anderes ist als das, was ihm gezeigt worden ist.

Es gibt sicherlich Gebiete mit Grundstücken, bei denen die einzelnen Abgrenzungen zum Nachbarn kaum mehr erkennbar sind, weil auf dem Grundstück ein natürlicher Wildwuchs derart überhandgenommen hat, so dass die Grundstücksgrenzen nicht mehr erkennbar sind. In diesen Fällen sollte unter keinen Umständen allein aufgrund einer Ortsbesichtigung gekauft werden. Um sicherzugehen, dass das besichtigte Grundstück mit dem Katasterdaten des im Eigentum des Verkäufers stehenden Grundstücks übereinstimmt, müsste ein Experte vor Ort hinzugezogen werden und die entsprechende Vermessung mit den dafür erforderlichen Instrumenten vornehmen werden. In der Regel ist ein Architekt oder Geometer hierbei der geeignete Ansprechpartner.

Merke: Baugrundstücke mit den Katasterangaben überprüfen lassen

V. Ersitzung

Immobilieneigentümer oder diejenigen, die es noch werden wollen, sollen auf eine weitere italienische Besonderheit hingewiesen werden: Die Möglichkeit der Ersitzung des Eigentums.

1. Allgemeines

Grundstücke können unter bestimmten Voraussetzungen von Dritten ersessen werden, d. h. das Eigentum an diesen geht vom eingetragenen Eigentümer auf eine andere Person über, ohne dass ein Verkauf, eine Schenkung oder eine Erbschaft die Grundlage für den Eigentumsübergang ist. Gesetzlich ist die Ersitzung in den Artikeln 1158 ff. des italienischen Codice Civile geregelt. Ersessen werden können Grundstücke, die von dem ursprünglichen Eigentümer einfach ungenutzt liegen gelassen wurden oder verlassen wurden.

Die gesetzlichen Voraussetzungen für die Ersitzung sind zum einen die Inbesitznahme und zum anderen der Faktor Zeit. Der Besitz kann dabei nicht gewaltsam oder durch heimliche Inbesitznahme erworben worden sein. Der Gesetzgeber schützt gerade nicht die Inbesitznahme, die widerrechtlich erfolgt ist. Auch die heimliche Inbesitznahme, die es dem rechtmäßigen Eigentümer unmöglich machen würde, sich dieser Inbesitznahme zu erwehren, wäre kein rechtmäßiger Besitz im Sinne der vom Gesetz vorgeschriebenen Ersitzung. Der Besitz muss darüber hinaus ohne Unterbrechung für den vom Gesetzgeber vorgeschriebenen Zeitraum ausgeübt worden sein.

Die Fristen für die ordentliche Ersitzung sind bei Grundstücken grundsätzlich 20 Jahre. Unter bestimmten Voraussetzungen gibt es jedoch auch die Möglichkeit, über die verkürzte Ersitzungsfrist von 10 Jahren ein Grundstück zu ersitzen. Voraussetzung für die verkürzte Frist wäre u. a. der gute Glaube sowie die Eintragung ins Grundregister. Spezialgesetzlich ist darüber hinaus die Ersitzung für kleinere landwirtschaftliche Grundstücke geregelt. Die normale Frist hierfür beträgt 15 Jahre. Liegen darüber hinaus die vorgenannten Voraussetzungen für die verkürzte Frist vor, kann auch in einer Frist von fünf Jahren ein Grundstück ersessen werden.

2. Bedeutung für ausländische Grundstückseigentümer

Die praktischen Auswirkungen der Ersitzung können für ausländische Grundstückseigentümern nachteilig sein, da sie gezwungen werden, wenn sie ihr Eigentum nicht verlieren wollen, sich gerichtlich gegen die Ersitzung zu wehren. Gerade bei unbebauten Grundstücken, Waldgrundstücken oder andere Grundstücke, die eher selten aufgesucht und begangen werden, weil keine Tätigkeiten oder Arbeiten vorgenommen werden müssen, ist nicht auszuschließen, dass unbemerkt vom Eigentümer Dritte versuchen, das Grundstück zu ersitzen. Arbeiten am Grundstück, die vermuten lassen, dass sich der Eigentümer um das Grundstück kümmert, wie beispielsweise Gras und Bäume schneiden, Grundstück säubern, einzäunen etc., können eine Ersitzung erschweren. Es kann natürlich auch geschehen, dass diese Art von Tätigwerden von Dritten über einen jahrelangen Zeitraum unbemerkt von dem Eigentümer vorgenommen werden, die dann einen Antrag auf Ersitzung bei Gericht stellen, um die Umschreibung des Eigentums zu erhalten. Zwar müsste dieser Antrag dem Alteigentümer zugestellt werden, aber dafür wird eine zustellungsfähige Anschrift benötigt, die sich nicht aus den Registern entnehmen lassen. Interessant kann die Beschaffung des Eigentums durch Ersitzung durch unehrliche Dritte werden, wenn zu erwarten ist, dass ein Grundstück in naher Zukunft Bauland wird. So kommt es immer wieder vor, dass Dritte behaupten, das Grundstück, das eigentlich einem anderen gehört, seit 20 Jahren im Besitz gehabt zu haben, sich wie als Besitzer um das Grundstück gekümmert zu haben, auch wenn es tatsächlich nicht stimmt. Wenn niemand widerspricht, könnte sich jemand damit die Voraussetzungen für die Ersitzung schaffen.

3. Schwierigkeiten in der Beweisführung

Ein ausländischer Grundstückseigentümer hat dem wenig entgegensetzen, wenn er sich nie um das oder die Grundstücke gekümmert hat. Denn wer denkt schon daran, dass dies andere an seiner Stelle tun, mit der Absicht, auf diesem Wege das Eigentum zu erlangen. Es dürfte daher für einen ausländischen Eigentümer nicht einfach sein, in einem Rechtsstreit das Gegenteil zu beweisen. Der Nachweis, dass er als Eigentümer im Grundbuch- und Katasteramt eingetragen ist, reicht in der Regel nicht aus. Der Nachweis wird umso schwerer zu führen sein, wenn der angebliche Grundstücksbesitzer mit falschen Zeugen seine Behauptung vor Gericht untermauert, seit 20 Jahren den Besitz am streitigen Grundstück zu haben.

Der ausländische Grundstückseigentümer, der sicherlich ein Interesse daran hat, sein Eigentum nicht zu verlieren, sollte daher dafür sorgen, dass er in regelmäßigen Abständen, z. B. wenigstens einmal pro Jahr sein Grundstück in Augenschein nimmt und begeht. Zum einen dient dies dazu, um festzustellen, ob Dritte sich an seinem Eigentum zu schaffen machen. Zum anderen bekundet der Eigentümer mit diesen Handlungen auch, dass er sich um sein Eigentum kümmert. Sollte der Eigentümer daher bei seinem Kontrollgang entdecken, dass sich Dritte an seinem Grundstück zu schaffen machen, hat er die Möglichkeit, sofort gerichtliche Schritte zur Abwehr gegen den Störer einzuleiten. Diese Abwehrmaßnahmen sind umso wichtiger, da die Ersitzungsfrist, die eventuell bereits für einen Dritten zu laufen angefangen hat, dadurch unterbrochen wird.

Günstig wäre es, wenn der Grundstückseigentümer bei seiner Grundstücksbegehung von Zeugen gesehen werden würde. Am besten geeignet könnten hierfür Einheimische sein, die die Örtlichkeiten kennen und den Eigentümer zumindest vom Sehen kennen und wissen, dass er sich um seine Grundstücke kümmert.

In Italien konnte durch Ersitzung nicht selten in Gegenden, die von den Eigentümern teilweise seit Jahrzehnten verlassen wurden und sich niemand mehr auch von den Nachkommen jemals darum gekümmert hat, auch gerade verlassene Häuser ordnungsgemäß ersessen werden. Die Umschreibung des Eigentums erfolgt allerdings nur mit Hilfe eines Antrags an das Gericht.

VI. Erwerb einer Immobilie durch Ersteigerung

Eine weitere Möglichkeit, zum Immobilieneigentum zu gelangen ist die, an einer Versteigerung teilzunehmen, da dies zumal auch eine Möglichkeit sein kann, preiswert zu einem begehrten Objekt zu gelangen. Voraussetzung für eine solche Teilnahme ist zunächst die Suche nach einem geeigneten Objekt. Hier kann man auf den Webseiten der Gerichte fündig werden. Man hat die Möglichkeit zu recherchieren, welche Objekte zu welchem Versteigerungstermin angeboten werden. Bevor man sich für die Abgabe eines Angebotes entscheidet, sollte jedoch das hinterlegte Gutachten zur Immobilie in Augenschein genommen werden, denn daraus ergeben sich wichtige Informationen zum baulichen Zustand der Immobilie und zum Vorliegen von Dienstbarkeiten. Aus dem Gutachten ergibt sich neben der genauen Beschreibung der Immobilie auch die auszuführenden notwendigen Arbeiten, unter Angaben von den geschätzten Kosten hierzu.

Man kann den Unterlagen den Schätzwert entnehmen und vor allem das Mindestgebot, das zwingend abgegeben werden muss, um an dem Wettbewerb überhaupt teilnehmen zu können. Die Modalitäten für die Abgabe des Angebotes stehen im sog. *avviso di vendita*. Dieses wird vom sogenannten *professionista delegato* (üblicherweise ein Notar oder ein Anwalt) errichtet und enthält die wesentlichen Informationen für die Teilnahme an der Versteigerung und die entsprechenden Fristen.

Das Mindestangebot oder auch ein darüber liegendes Angebot kann grundsätzlich in Papierform als auch elektronisch eingereicht werden. Die Abgabe des Angebotes muss zeitgleich mit der Zahlung einer Kaution gesichert werden, die 10 % des abzugebenden Angebotes betragen muss.

Die Teilnahme an der Versteigerung kann persönlich oder durch einen Anwalt per Vollmacht erfolgen. Die Versteigerung kann aber auch elektronisch erfolgen, wobei man sich auch hier vertreten lassen kann. Mit etwas Glück kann man sich sehr günstig eine Immobilie ersteigern.

VII. Verzicht am Eigentum oder Eigentumsanteil an einer Immobilie

In Zeiten von Wirtschaftskrisen kann das Halten einer Immobilie oder von Grundstücken oder Grundstücksanteilen zu einer finanziellen Belastung werden, vor allem dann, wenn dieses Grundstück oder die Grundstücksanteile nicht genutzt werden können. Aber nicht nur in dieser Situation, kann das Halten von Grundstücken oder Grundstücksanteilen zur finanziellen Belastung werden, sondern auch dann, wenn man beispielsweise durch Erbschaft Miteigentümer von Grundstückanteilen geworden ist, die nach dem Bebauungsplan beispielsweise als Baugrundstücke ausgewiesen sind und somit der laufen Grundbesteuerung unterliegen. Hier stellt sich der ein oder andere Eigentümer oder Miteigentümer schon mal die Frage, wie er sein Grundstück- oder Grundstücksanteil „los" werden kann, vor allem dann, wenn ein gewinnbringender Verkauf ausgeschlossen ist, da absolut niemand Interesse an dem Grundstückserwerb hat und somit feststeht, dass nur regelmäßig wiederkehrende Kosten zu begleichen sind.

Die gleiche Situation kann entstehen, wenn man Miteigentümer von Grundstücksparzellen ist und keiner der anderen Miteigentümer Interesse am Erwerb der Anteile hat, selbst wenn diese verschenkt werden würden und der Schenker sogar die Kosten der Schenkung übernehmen würde.

Eine Schenkung würde einen Schenkungsvertrag beim Notar erforderlich machen, was Notarkosten sowie Steuern für die Übertragung auslöst. Sollte zwischen Schenker und Beschenkten kein Verwandtschaftsverhältnis bestehen, würde für die Schenkung eine Schenkungssteuer fällig werden, ohne dass man von einem Steuerfreibetrag profitieren könnte.

Gemäß dem italienischen Bürgerlichen Gesetzbuch gibt es die Möglichkeit des Verzichts auf ein Grundstück oder einen Grundstücksanteil. Der Verzicht auf ein Grundstück hat daher in der Regel praktische Motive, wenn der eingetragenen Eigentümer keinerlei Nutzen an dem Grundstück hat, keine Kosten mehr tragen will, kein Interesse daran, sich um die Erhaltung zu kümmern.

Die Folgen des Verzichts, der vor einem Notar vorgenommen werden muss, (der Eigentümer kann sich hierbei auch per Spezialvollmacht vertreten lassen) sind, falls es sich um Grundstücksparzellen handelt, die im Miteigentum stehen, dass der Anteil der anderen Miteigentümer, ohne dass deren Zustimmung hierzu einzuholen oder erforderlich ist und ohne, dass sie darüber informiert werden müssen, wächst.

Das bedeutet, dass die Miteigentümer ungefragt auf einmal einen größeren Eigentumsanteil auf dem Namen eingetragen haben, ohne dass sie dies wollten oder hätten vermeiden können. Das bedeutet, dass sich die laufende Grundsteuer sodann um den Anteil des verzichtenden Eigentümers erhöht. Wenn es nur einen Miteigentümer geben sollte, würde er dann auf einmal ohne sein Zutun und nur durch den Verzicht des anderen Miteigentümers 100 % des Eigentums halten. Gibt es mehrere Miteigentümer, würde der Anteil des Verzichtenden auf diese aufgeteilt werden. Die Besonderheit beim Verzicht ist, dass die Miteigentümer, die ihr Eigentumsanteil „wachsen" sehen, nicht verhindern können, dass sich ihr Eigentumsanteil erhöht. Sie müssten nur dann, wenn auch sie kein Interesse an dem Grundstück haben sollten, ihrerseits einen notariellen Verzicht beurkunden lassen.

Gibt es keine Miteigentümer und der Eigentümer möchte auf sein Eigentum verzichten, so würde das Eigentum an den italienischen Staat fallen.

Der Verzicht an Grundstückseigentum ist nicht frei von Kosten und Steuern. Neben den Notarkosten kassiert auch das Finanzamt mit. Der Verzicht wird mit 3 % bezogen auf den Katasterwert besteuert.

VIII. Verkauf einer Immobilie in Italien

1. Makler oder Eigeninitiative?

Wie bereits im Falle des Immobilienerwerbs wird zunächst darüber zu entscheiden sein, ob der Verkauf selbst in die Hand genommen werden soll oder ob ein Makler eingeschaltet wird.

Wer als ausländischer Eigentümer eine Immobilie in Italien besitzt, ohne die italienische Sprache einigermaßen zu beherrschen, sollte es sich daher gut überlegen, ob er dieses Vorhaben selbst in die Hand nehmen möchte. Das Problem bei der Eigeninitiative setzt sich dann fort, wenn es um die Errichtung des Vorvertrages geht. Als juristischer Laie wird man wohl kaum wissen, was der Vorvertrag alles beinhalten soll, damit er im Falle einer streitigen Auseinandersetzung mit dem Käufer auch „wasserdicht" ist. Ein Dolmetscher kann zwar in der Regel den Vertrag übersetzen helfen, aber keinen juristischen Beistand hinsichtlich des Inhaltes geben.

Diese Problematik setzt sich dann fort, wenn man die notarielle Kaufabwicklung organisieren muss und die erforderlichen Unterlagen, die notwendigerweise vorgelegt werden müssen, beschaffen soll. In diesem Fall sollte man wissen, wo man was an Unterlagen anfordern kann.

Ferner gilt es bei einem Verkauf, den man selbst in die Hand nehmen will, zu bedenken, dass die ganze Prozedur viel Zeit kosten dürfte. In der Regel muss der Verkäufer sich auf eine Vielzahl von Interessenten einstellen, die sich die Immobilie anschauen wollen. Noch schwieriger kann es werden, wenn die Immobilie in einem Gebiet liegt, in dem die Nachfrage nach Grundstücken oder Appartements ohnehin gering ist. Sei es, weil die Immobilie mitten in einem ländlichen Gebiet, abseits vom Zentrum einer Stadt liegt, sei es, weil die Immobilie von ihrer Beschaffenheit, Größe oder gar aufgrund von Beschränkungen, wie z. B. durch Denkmal-, Landschafts- Wasserschutz an sich schon schwer verkäuflich ist oder gar in einem Erdbebenrisikogebiet liegt.

Ist jemand daher in der glücklichen Lage, sowohl unbegrenzt Zeit zur Verfügung zu haben als auch zumindest sprachlich in der Lage zu sein, die Verhandlungen mit den Kaufinteressenten zu führen, stellt sich nun die Frage, wie vorgegangen werden soll, um interessierte Käufer zu finden. Die Ersparnis der Maklerprovision, wenn man die Abwicklung selbst in die Hand nimmt, kann zwischen 2–3 % betragen.

Bei der Käufersuche ist es in Italien noch immer üblich, ein Verkaufsschild am Gebäude anzubringen. Auf dem Schild wird die Immobilie kurz beschrieben, unter Angabe einer Telefonnummer. Bei einem zu verkaufenden Appartement in einem Wohnblock wird das Schild an der Eingangstür angebracht, sofern dies nicht von der Kondominialordnung verboten wird. Das ist eine sehr wirksame Methode, um Käufer auf sich aufmerksam zu machen.

Ein Verkaufsschild kann ebenfalls die Aufmerksamkeit eines Maklers anziehen, die versuchen, mit dem Eigentümer in Kontakt zu kommen, um ihre Dienste anzubieten.

Bei einem Makler sollte man darauf achten, dass diese die Immobilien preislich nicht überbewerten, um den Auftrag zu erhalten.

Der Makler kann dem Verkäufer daher eine Menge Zeit und Geld einsparen helfen, wenn er für ihn den geeigneten Käufer findet, so dass der Verkäufer theoretisch nur zur Vertragsunterschrift nach Italien kommen müsste. Selbst dies könnte dann entbehrlich sein, wenn der Verkäufer einen Vertreter mit Spezialvollmacht bestückt und diesen zur Vertragsunterzeichnung nach Italien schickt oder sich der Hilfe eines Anwaltes bedient, der für ihn den Kaufvertrag mit einer Sondervollmacht abwickelt.

Dem Verkäufer, der sich für die Inanspruchnahme der Hilfe eines Maklers entschieden hat, bleibt daher zu sehen, einen vertrauensvollen Makler zu finden. Wenn dieser einmal gefunden wurde und wenn es sich um einen ordnungsgemäß eingetragenen Makler handelt, bleibt noch die Provision zu verhandeln und zu entscheiden, ob der Makler einen Alleinauftrag erhält oder auch noch andere Makler beauftragt werden sollen. Derjenige der am schnellsten einen kaufwilligen Kunden bringt, hat dann das Geschäft gemacht.

Die juristische Figur des Maklers als Vermittler zwischen zwei Parteien wird durch die Artikel 1754–1765 des italienischen Codice Civile (c.c.) geregelt. Diese Artikel betreffen nicht nur die Immobilienmakler, sondern Vermittlertätigkeiten im Allgemeinen.

2. Verkauf durch Makler: Mit welchen Kosten sollte man rechnen?

Das Gesetz regelt nicht die Höhe der Entschädigung. Diese wird über die Industrie- und Handelskammer nach der jeweils an einem bestimmten Ort angewendeten Praxis und ortsüblichen Provision, ermittelt. In kleineren Orten werden daher oft Vereinbarungen mit dem Makler nur mündlich getroffen, und es ist für die Parteien klar, dass der Makler den ortsüblichen Provisionssatz von 2–5 % sowohl vom Verkäufer als auch vom Käufer erhält.

Bei schriftlichen Maklerverträgen sollte, wie bereits erwähnt, darauf geachtet werden, dass diese keine Klauseln enthalten, wonach der Makler neben seiner Provision auch noch Ersatz für Spesen erhält. Diese sind normalerweise durch die Maklerprovision abgedeckt. Der Verkäufer muss dem Makler die sog. Energiebescheinigung, sog. APE, bei der Beauftragung übergeben. Dieses Dokument ist sodann bei der notariellen Kaufvertragsabwicklung dem Notar auszuhändigen. Liegt eine solche Bescheinigung nicht vor, so ist der Makler in der Regel in der Lage, aus seinem Kontaktnetz jemanden damit zu beauftragen, der dieses Dokument errichten kann.

Wurde die Immobilie innerhalb eines klar definierten Zeitraumes nicht verkauft und ist der Anspruch auf die Maklerprovision nicht entstanden, da vereinbart wurde, dass diese erst bei erfolgreichem Abschluss fällig werden soll, so sind dem Makler jedenfalls bis zu diesem Zeitpunkt Kosten für seine Bemühungen entstanden, einen geeigneten Käufer zu finden. Artikel 1756 c.c. sieht daher vor, dass der Vermittler einen Anspruch auf den Ersatz seiner Kosten hat, es sei denn, es wurde eine anderweitige Vereinbarung getroffen.

Will der Verkäufer diese Kosten nicht übernehmen, muss dies ausdrücklich schriftlich vereinbart werden. Das Vertragsverhältnis zwischen dem Auftraggeber, d. h. Eigentümer der Immobilie und dem Makler wird durch einen sog. *lettera d'incarico* (Auftrag) schriftlich festgehalten. Der Makler sucht einen Käufer, der Verkäufer bezahlt bei erfolgreichem Kaufabschluss seine Provision.

Es gibt jedoch auch Immobilienmakler, die anstatt des sonst üblichen Auftrages dem Immobilieneigentümer ein Mandat vorlegen, das nach den Artikeln 1703 ff c.c. geregelt ist und vorsieht, dass der Makler als Vertreter des Verkäufers direkt den Vorvertrag unterschreiben kann (*Mandato con rappresentanza*, Artikel 1704 c.c.), sofern diese Befugnis ausdrücklich zugesichert worden ist. Der Eigentümer befände sich in der Lage, den Eigentumsübertragungsvertrag mit dem Käufer unterschreiben zu müssen, da der Makler in seinem Namen mit dem Käufer den Vorvertrag unterschrieben hat. Diese Art des Vertragsabschlusses ist in Italien jedoch unüblich. Denkbar ist eher, eine mit Vollmacht ausgestattete Vertrauensperson zu beauftragen, den Vorvertrag zu unterschreiben.

Um das rechtlich auf sicheren Boden zu stehen, wäre es angebracht, einen Rechtsbeistand hinzuzuziehen, denn schließlich ist gerade bei Immobilienkäufen oder -verkäufen immer sehr viel Geld im Spiel.

IX.   Steuern beim Kauf einer Immobilie

1.   Allgemeines

Ein wichtiger Aspekt beim Immobilienkauf ist frühzeitig zu erfahren, welche Kosten in diesem Zusammenhang anfallen. Gerade die Steuern, die in diesem Zusammenhang anfallen, dürften der größte Teil der Kosten ausmachen, neben der Maklerprovision. Um nicht von sehr hohen Kaufnebenkosten überrascht zu werden, sollte nach Möglichkeit frühzeitig, d. h. gleich von Beginn an und bevor ein Vorvertrag unterschrieben worden ist oder überhaupt irgendeine andere Verpflichtung eingegangen worden ist, geklärt werden, wie hoch die Kaufnebenkosten ausfallen.

Die Ausführungen im nachfolgenden Kapitel beziehen sich auf die derzeit aktuellen Steuern, die Anwendung finden. Da die Steuern Änderungen unterliegen können, sollte man sich die aktuellen Zahlen dann besorgen, wenn konkret ein Kauf geplant ist oder ansteht. Als Besonderheit ist hervorzuheben, dass, anders als in Deutschland, sich der Steuerpflichtige selbst darum kümmern muss, dass der Staat die richtige Steuerart in der richtigen Höhe und zur rechten Zeit erhält. Es ist in Italien nicht üblich, dass von der Verwaltung eine Zahlungsaufforderung mit Zahlungsfrist und Kontoangaben ins Haus gesandt wird.

Nachfolgend sollen daher die am häufigsten wiederkehrenden Steuersituationen kurz dargestellt werden, damit sich der Leser ein Bild darüber machen kann, welche Kosten er bei seinem Vorhaben noch einkalkulieren muss.

Dabei ist der steuerliche Aspekt für den potenziellen Käufer nur ein grober Überblick und ersetzt nicht eine genaue Berechnung. Es ist daher ratsam, sich vor dem Kauf hierzu genauestens anhand der konkreten Daten der Immobilie zu informieren. Neben den Steuern beim Erwerb wird auch auf die Steuern im Zusammenhang mit der Vermietung von Ferienwohnungen eingegangen sowie die laufenden wiederkehrenden Steuern, ähnlich der deutschen Grundsteuer.

2.   Steuernummer (*codice fiscale*)

Zwingend erforderlich für den Immobilienkauf ist, dass der Käufer Inhaber einer italienischen Steuernummer (sog. *codice fiscale*) ist. Diese Steuernummer muss spätestens im Zeitpunkt der Unterzeichnung des Vorvertrages vorliegen, für den Fall, dass ein Makler mit der Vermittlung beauftragt war, da dieser verpflichtet ist, den Vorvertrag aus steuerlichen Gründen beim zuständigen Registerbüro registrieren zu lassen. Wird ein Vorvertrag nicht registriert, so muss allerspätestens bei der notariellen Kaufvertragsabwicklung diese Nummer vorliegen.

Jeder einzelne Miterwerber benötigt seine eigenen codice fiscale, unabhängig davon, ob er als Eigentümer oder Nießbrauchsberechtigter an dem Kauf beteiligt ist. Liegt der *codice fiscale* nicht vor, kann und darf der Notar den Vertrag nicht beurkunden. Unter Angabe dieser Steuernummer werden sämtliche steuerlichen Abgaben an den Staat entrichtet. Es handelt sich um eine Nummer, die zusammengesetzt ist aus Ziffern und Buchstaben und nach einem bestimmten System, unter anderem aus dem Geburtsdatum und den Buchstaben des Vor- und Familiennamens, ermittelt wird. Diese Steuernummer bleibt ein Leben lang unverändert erhalten. Sie muss bei einer Vielzahl von Besorgungen des täglichen Alltags angegeben werden (z. B. bei der Eröffnung eines Bankkontos, Einstellung in eine Arbeitsstelle, bei jeglicher Zahlung an den Staat, beim Anfordern von Rechnungen in Geschäften, bei Schenkungsverträgen und Erbschaften). Wer mehrere Vornamen oder gar Familiennamen hat, sollte unbedingt achten, dass diese alle bei der Behörde angegeben werden, wo der *codice fiscale,* der im Übrigen kostenlos ist, beantragt wird. Sonst besteht das Risiko, dass der *codice fiscale* nicht korrekt ermittelt wird und nicht in Übereinstimmung mit dem Namen ist, so wie er sich aus dem Pass oder Ausweis ergibt. Das kann dazu führen, dass eine Korrektur erforderlich wird, die in der Regel teuer ist, vor allem dann, wenn erst kurz vor dem Notartermin festgestellt wird, dass keine Übereinstimmung zwischen *codice fiscale,* Ausweis und eventuell sogar einer errichteten Spezialvollmacht besteht, in der auch der *codice fiscale* anzugeben ist. Das könnte zu einem Hindernis für die notarielle Abwicklung werden.

Wo ist der *codice fiscale* zu beantragen?

Der *codice fiscale* wird bei der örtlichen Steuerbehörde (*uffico d'imposte dirette*) beantragt und je nach Größe der Gemeinde sofort oder innerhalb weniger Tage erteilt. Kosten entstehen dafür nicht. Vorgelegt werden muss lediglich ein gültiger Ausweis oder Reisepass. Auszufüllen ist ein einfaches und kurzes Formular, in dem die persönlichen Daten einzutragen sind. Die Beantragung der Erteilung der Steuernummer kann auch grundsätzlich per Vollmacht durch eine dritte Person vorgenommen werden. Ein persönliches Erscheinen ist nicht erforderlich. Möglich ist es auch, sich diese Nummer bei einem italienischen Konsulat in seinem Heimatland zu besorgen. Da kann es aber teilweise etwas länger dauern, bis man diese Zuteilung erhält. Am besten wäre es daher gleich zu Beginn, also wenn man sich entschieden hat, eine Immobilie in Italien zu kaufen, darum zu kümmern, den *codice fiscale* zu beantragen. Wie gesagt, er ist kostenfrei und wenn er nicht benötigt werden sollte, so ist dies unschädlich. Man sollte ihn nur dann aufbewahren, für den Fall, dass man in Zukunft dann doch nochmals mit einem Kauf in Italien liebäugelt.

3. Die Steuern im Einzelnen

Wegen der Komplexität der Thematik und der sich ständigen Änderungen, die diese Materie mit sich bringt, soll die nachfolgende Abhandlung lediglich einen Einblick in das Steuerdickicht gewähren. Seine Aktualität bezieht sich nur auf den Zeitpunkt des Abfassens des vorliegenden Textes. Es ist daher ratsam, sich vor einem Immobilienkauf auch steuerlich beraten zu lassen, um die aktuelle Steuersituation im Zeitpunkt des geplanten Kaufes abwägen zu können. Die anfallenden Steuern sowie die weiteren Nebenkosten müssen mit in die Gesamtkostenplanung beim Immobilienkauf einkalkuliert werden.

Nicht jeder Immobilienerwerb wird in Italien gleich hoch besteuert. Generell ist bei Immobiliengeschäften die Unterscheidung zu machen, ob bei der Übertragung die Verkehrssteuern (Registersteuer (*imposta di registro*), Hypothekarsteuer (*imposta ipotecaria*), Katastersteuer (*imposta catastale*) oder alternativ die Mehrwertsteuer zur Anwendung kommen. Unterliegt der Kauf der Mehrwertsteuer, so fallen die Verkehrssteuern nur als Fixsteuern in Höhe von jeweils insgesamt € 200,00 an.

3.1. Anwendung der Verkehrssteuern

Seit 01. Januar 2017 ist die aktuelle Situation der Steuern die folgende:

Die Verkehrssteuern fallen immer dann an, wenn es sich bei dem Verkäufer um eine natürliche Person, also keine juristische Person (eine Firma), sondern um eine Privatperson handelt. Die Hypothekarsteuer von 2 % sowie die Katastersteuer von 1 % kommen für alle Immobilientypen immer in gleicher Höhe zur Anwendung.

Anders dagegen die Registersteuer. Diese richtet sich nach der Art der Immobilie und deren Zweckbestimmung. Grundsätzlich beträgt diese 7 %. Steht die Immobilie unter Denkmalschutz, so beträgt sie 3 %.

Der Gesetzgeber hat bestimmt, dass die Besteuerungsgrundlage des Erwerbs auf der Grundlage des Katasterwertes erfolgt. Voraussetzung ist allerdings Steuerehrlichkeit. Das bedeutet, dass der Käufer in der notariellen Kaufurkunde den Kaufpreis ehrlich angibt, der auch tatsächlich bezahlt wird.

Die Ermittlung des Katasterwertes geschieht mit Hilfe des aufgewerteten Katasterertrages, der sog. *rendita catastale rivalutata,* welche ein amtlich festgelegter durchschnittlicher Schätzwert der Grundstücks- und Gebäudeerträge ist. Dieser Katasterertrag ist mit einem Faktor zu multiplizieren, der wiederum abhängig ist von der Art der Immobilie. Die Einteilung erfolgt in Katastergruppierungen, wobei zur Gruppe A Wohnimmobilien und Büroimmobilien mit

11 Unterteilungen gehören. (Beispielsweise: Villa A/8, Schlösser und historische Gebäude A/9, wirtschaftliche Wohnungen A/3, gepflegte Wohnung A/1). Der Multiplikationsfaktor unterliegt Anpassungen. Der italienische Fiskus kann damit die Grundlage für die Besteuerung erhöhen.

3.1.1. Immobilienerwerb als Erstwohnsitz

Es handelt sich hierbei um einen steuerbegünstigten Erwerb, der vom Käufer nur einmal in Italien getätigt werden kann. Der Käufer muss an dem Ort, an dem er eine Immobilie steuervergünstigt kauft, seinen Lebensmittelpunkt haben. Dies ist entweder sein Erstwohnsitz oder der Ort, an dem er seinen beruflichen Schwerpunkt unterhält.

Der steuerbegünstigte Erwerb ist auch für Ausländer möglich. Diese könnten eine Immobilie als Erstwohnsitz (sog. *prima casa*) erwerben. Dies bedeutet, dass die Wohnsitznahme (*residenza*) an diesem Ort genommen werden müsste, an dem die Immobilie gekauft wird.

Im Zeitpunkt des Notarvertrages muss diese Erstwohnsitznahme *residenza* noch nicht vorliegen, sondern der Erstwohnsitz kann auch nach der notariellen Verbriefung beantragt werden. Wichtig ist, dass der Erwerber rechtzeitig vor der Verbriefung erklärt, was dann im Notarvertrag festgehalten wird, dass er beabsichtigt, steuervergünstigt zum Zwecke der Erstwohnsitznahme erwerben zu wollen. Denn der Notar muss die Berechnung der Grundsteuer, die am gleichen Tag der notariellen Verbriefung zu zahlen ist, vor der Verbriefung vornehmen. Dazu muss er wissen, ob als Erstwohnsitz oder Zweitwohnsitz erworben werden soll. Erklärt der Käufer sodann als Erstwohnsitz kaufen zu wollen, hat er sodann 18 Monate ab dem Datum des Notarvertrages Zeit, die *residenza* anzumelden. Sollte die Erstwohnsitzanmeldung innerhalb der vorgegebenen Frist nicht erfolgen, müsste die Steuerdifferenz (zum Prozentsatz, der normalerweise anwendbar gewesen wäre) mit einer Geldstrafe und Zinsen nachgezahlt werden. Eine Überprüfung der Anmeldung durch die Gemeinde findet in der Regel statt. Die Nachversteuerung kann unter Umständen erst lange Zeit danach angefordert werden, weil die Behörden überfordert sind. Die Verjährungsfrist für die Nachzahlung betrag derzeit 10 Jahre.

Folgende Voraussetzungen für den steuerbegünstigten Erwerb müssen vorliegen:

- Es muss sich um den Erwerb einer Wohnung zu Wohnzwecken handeln, die keine Luxuswohnung sein darf. Die Immobilie muss sich in der Gemeinde befinden, in der der Erwerber seinen Hauptwohnsitz (*residenza*) hat, oder in der Gemeinde, bei der der Erwerber innerhalb von 18 Monaten seit Abschluss des notariellen Kaufvertrages seinen Hauptwohnsitz nehmen wird.

– Ausreichend ist ebenfalls der Ort, an dem der Erwerber einer Erwerbstätig-
keit nachgeht, oder, falls er als abhängig Beschäftigter im Ausland arbeitet,
der Ort, an dem seine Firma ihren Sitz oder eine Niederlassung hat.

Für ins Ausland emigrierten Italiener gilt diese Steuervergünstigung auch dann,
wenn sie zwar im Ausland wohnen, sich aber in Italien, gleichgültig in welcher
Gemeinde, einen Wohnsitz haben wollen.

Der Steuervorteil kann auch nachträglich wieder wegfallen, wenn zum einen
im Zeitpunkt des Erwerbs falsche Angaben gemacht wurden und sich darauf
stützend die Steuervergünstigung gewährt worden ist. Die Steuervergünstigung
entfällt zum anderen ebenfalls nachträglich, wenn die so erworbene Immobilie
in den ersten fünf Jahren seit dem Erwerbsdatum wieder verkauft wird, es sei
denn, man erwirbt wiederum innerhalb eines Jahres eine andere Immobilie als
Erstwohnsitz. Dann bleibt der Steuervorteil erhalten.

Der steuervergünstigte Erwerb sieht beim Erwerb zwischen Privaten folgendermaßen aus:

– Die Registersteuer beträgt 2 % bezogen auf den Katasterwert.
– Die Hypothekarsteuer und die Katastersteuer werden mit jeweils einer
Besteuerung von € 50,00 festgesetzt. Im Falle, dass die Immobilie vor
weniger als 5 Jahre gebaut wurde, erhöht sich sowohl die Hypothekarsteuer als auch die Katastersteuer auf jeweils € 200,00.

Es wurde allerdings ein Mindestbetrag der Registersteuer von € 1.000,00 festgesetzt. Wenn daher rechnerisch ein niedrigerer Steuerbetrag herauskäme, wäre
in jedem Fall die Mindeststeuer von € 1.000,00 fällig.

3.1.2. Immobilien als Zweitwohnsitz

Hierzu zählen die Immobilien, die Wohnzwecken dienen, aber nicht steuerbe-
günstigt erworben werden. Es darf sich hierbei auch nicht um Luxusimmobilien handeln.

In der Regel handelt es sich hierbei um sogenannte Zweitwohnungen oder
auch Ferienwohnungen. Gerade bei ausländischen Käufern, die ihren Hauptwohnsitz nicht nach Italien verlegen wollen und können, weil sie in ihrem Heimatland berufsbedingt bleiben müssen, kommt diese Besteuerungsart in der
Regel zur Anwendung.

Sie sieht im Einzelnen folgendermaßen (Verkauf zwischen Privaten) aus:

– Die Registersteuer beträgt 9 % bezogen auf den Katasterwert.
– Die Hypothekarsteuer und die Katastersteuer werden jeweils mit € 50,00
festgesetzt.

3.1.3. Erwerb von landwirtschaftlichen Grundstücken

Bei diesen Immobilien und im Falle, dass der Erwerber kein Landwirt ist, fällt folgende Besteuerung an:

Die Registersteuer beträgt 15 % (seit 1.1.2016 aufgrund des Gesetzes Nr. 208 vom 2.12.2015) bezogen auf den Katasterwert des Grundstücks. Die Hypothekarsteuer sowie die Katastersteuer werden mit jeweils € 50 festgesetzt.

3.1.4. Erwerb von Baugrundstücken

Die Besteuerung sieht folgendermaßen aus: Beim Erwerb zwischen Privaten beträgt die Registersteuer 9 % (mindestens aber € 1.000,00), die Hypothekarsteuer sowie die Katastersteuer betragen jeweils € 50,00.

3.1.5. Erwerb sonstiger Gebäude

Immobilien, die sich nicht in eine der oben erwähnten Kategorien einordnen lassen, werden wie folgt besteuert: Die Registersteuer beträgt 9 %, die Hypothekarsteuer und die Katastersteuer jeweils € 50,00.

3.2. Anwendung der Mehrwertsteuer

Grundsätzlich unterliegen Immobilienverkäufe, bei denen der Verkäufer eine juristische Person ist, der Mehrwertsteuer.

Beim Verkauf von Immobilien durch ein Mehrwertsteuersubjekt ist zu unterscheiden, ob der Gesellschaftszweck der Firma Bau und Verkauf von Immobilien zum Gegenstand hat oder den kommerziellen Handel mit Liegenschaften. Ist diese Fallkonstellation nicht gegeben, unterliegen diejenigen Immobilien, die für Wohnzwecke bestimmt sind und unter die Katasterkategorien A/1 bis A/9 und A/11 fallen, nicht der Mehrwertsteuer, sondern den entsprechenden Verkehrssteuern.

Nachfolgend sollen einige Beispiele für die Besteuerung mit der Mehrwertsteuer aufgeführt werden, deren Anwendung zum einen von der Beschaffenheit der Immobilie und zum anderen von der Zweckbestimmung durch den Käufer abhängt. Die Mehrwertsteuer hat somit drei unterschiedliche Sätze, die alternativ zur Anwendung kommen können: Es sind dies 4 %, 10 % oder die reguläre Mehrwertsteuer von 22 %.

Die 4 % kommt zur Anwendung beim Erwerb vom Bauträger und wenn die Immobilie als Erstwohnsitz gekauft wird. Das ist somit eine Möglichkeit des einmaligen steuerbegünstigten Erwerbs. Die 10 % MwSt fallen auf die Immobiliengeschäfte an, bei denen der Bauträger als Zweitwohnsitz verkauft. Allerdings ist die Besteuerungsgrundlage der Kaufpreis und nicht der niedrigere Katasterwert.

Die 22 % reguläre MwSt kann Anwendung bei Luxusimmobilien finden, sofern die Immobilie als Luxusimmobilie qualifiziert worden ist. Auch der Kauf eines Baugrundstücks durch eine juristische Person, kann der Mehrwertsteuer unterliegen.

3.2.1. Erwerb von Immobilien als Erstwohnsitz (steuervergünstigter Erwerb von einem Unternehmer)

Handelt es sich bei dem Verkäufer um einen Bauträger oder um ein Bauunternehmen und findet der Kauf innerhalb von 5 Jahren ab Beendigung der Bauarbeiten statt, dazu gehören auch Sanierungsarbeiten, unterliegt der Verkauf der reduzierten Mehrwertsteuer von 4 % bezogen auf den angegebenen Kaufpreis. Die Registersteuer, Hypothekarsteuer und Katastersteuer fallen jeweils mit € 200,00 an.

3.2.2. Erwerb von Immobilien als Zweitwohnsitz zu Wohnzwecken (keine Luxusimmobilien)

Die Voraussetzungen sind wiederum, ein Kauf von einem Bauträger oder Bauunternehmen, bei dem die Bauarbeiten innerhalb von 5 Jahren nach Beendigung der Arbeiten erfolgt sind. Die Mehrwertsteuer beträgt 10 %. Berechnungsgrundlage ist der im Notarkaufvertrag angegebene Kaufpreis.

Die Registersteuer, Hypothekarsteuer und Katastersteuer fallen jeweils mit € 200,00 an.

3.2.3. Kauf von einem Unternehmen oder Bauträger nach Ablauf von 5 Jahren nach Beendigung der Arbeiten

Beim Erwerb als Erstwohnsitz (keine Luxuswohnung) fällt keine Mehrwertsteuer an, sondern die Registersteuer von 2 % sowie jeweils € 50,00 für die Hypothekar- und Katastersteuer.

Beim Erwerb als Zweitwohnsitz (keine Luxuswohnung) fällt ebenfalls keine Mehrwertsteuer an. Hier wird wie folgt besteuert:

Registersteuer von 9 % sowie Hypothekar- und Katastersteuer von jeweils € 50,00.

3.2.4. Erwerb von Luxusimmobilien

Was Luxusimmobilien sind, auf die die reguläre MwSt von derzeit 22 %, oder sogar die Registersteuer in Höhe von 9 % zur Anwendung kommt, wurde gesetzlich seit 1969 festgehalten (*Decreto Ministero Lavori Pubblici* 2. August 1969).

Demnach waren Luxusimmobilien beispielsweise:

- Villen und Immobilien mit privaten Parkanlagen;
- Einfamilienhäuser mit Schwimmbad von wenigstens 80 m² oder Tennis- oder sonstigen Sportanlagen mit nicht weniger als 650 m²;
- Wohneinheiten mit mehr als 240 m² (ohne Balkon, Keller, Terrasse usw.);
- Auch hochwertige Materialien, mit denen eine Wohnung ausgestattet worden ist, wie z. B. für Böden, Türen, Wände, und die Größe des Balkons oder der Terrasse werden als Kriterium für die Qualifizierung als Luxuswohnung herangezogen.

2014 gab es sodann eine Reform (Dlgs 175/2014) zur Erzielung von steuerlichen Vereinfachungen. Aus Artikel 33 sind die nunmehr festgelegten neuen Kriterien zu entnehmen, wonach definiert wird, für welche Immobilien, die Wohnzwecken dienen, es möglich ist, steuerliche Vergünstigungen zu erhalten. Luxusimmobilien gehören nicht zu diesen steuerprivilegierten Immobilien.

Es ist daher empfehlenswert im Vorfeld abzuklären, ob eine Immobilie als Luxusimmobilie einzustufen wird und somit der Erwerb der Besteuerung von 22 % MwSt oder der Registersteuer von 9 % unterliegt.

4. Einkommensteuersätze

Die Einkommensbesteuerung erfolgt für Einkommen in Italien gemäß den folgenden Abstufungen:
- Vorab soll noch festgehalten werden, dass es in Italien keinen Steuerfreibetrag gibt weder bei beschränkt noch bei unbeschränkt Steuerpflichtigen.
- Bei Einkommen von 0 bis € 15.000 wird 23 % Einkommenssteuer berechnet.
- Von € 15.001 bis € 28.000 zahlt man € 3.450,00 an Steuer und 27 % Steuern auf den über der ersten Steuerstufe hinausgehenden Betrag.
- Bei Einkommen über € 28.001 bis € 55.000 zahlt man € 6.960,00 plus 38 % auf das über die zweite Steuerstufe hinausgehendes Einkommen.
- Bei einem Einkommen von € 55.001 bis € 75.000: beträgt die Steuer € 17.220,00 plus 41 % auf das über die dritte Einkommensstufe hinausgehende Einkommen.
- Bei einem Einkommen ab € 75.001 ist eine Steuer von € 25.420,00 zu entrichten plus 43 % Steuer auf das über der vierten Einkommensstufe liegende Einkommen.

Ein Beispiel soll vergegenwärtigen wie sich die Steuerberechnung ermitteln lässt:
- Beispiel: Einkommen von € 30.000 (fällt unter die dritte Besteuerungsgruppe)

- An Einkommenssteuer sind zu zahlen:
- € 6.960 + (30.000 − 28.000 = 2000; 2000 × 38 % = 760,00).
- Demnach ergäbe sich ein Gesamtsteueraufkommen von € 7.720,00 (€ 6.960 + € 760).

Zu dem Höchststeuersatz von 43 % ist die regionale Zusatzsteuer IRPEF sowie der Kommunalsteuersatz hinzuzufügen. Die regionale Zusatzsteuer beträgt derzeit zwischen 0,7 und 3,3 %, wobei die Region Friuli Venezia Giulia den niedrigsten Satz mit 0,7 % hat. Den höchsten Satz hält das Piemont und die Region Lazio. Die Höhe hängt vom Haushalt der Region ab. Der Kommunalsteuersatz beträgt derzeit höchstens 0,8 % mit Ausnahme der Stadt Rom, die das Limit auf 0,9 % festgesetzt hat. Allerdings bei Gemeinden, die das Haushaltsgesetz nicht eingehalten haben, kann der Satz um weitere 0,3 % angehoben werden. Grundsätzlich wirkt sich bei Privatpersonen der Veräußerungsgewinn nicht auf die Einkommensteuer aus, da er nicht zu versteuern ist, es sei denn, der Verkauf erfolgt innerhalb der Spekulationsfrist von 5 Jahren. Wird eine Immobilie steuervergünstigt zu 2 % Registersteuer erworben und dann innerhalb von 5 Jahren verkauft, wäre grundsätzlich die Steuerdifferenz zu einem Zweitimmobilienerwerb nachzuversteuern, allerdings mit Strafaufschlag und Zinsen, es sei denn, es wird innerhalb eines Jahres eine andere Immobilie als Erstwohnsitz erworben.

5. Steuern bei Registrierung des Vorvertrages

Für die Registrierung des Vorvertrages ist eine Registersteuer von € 200,00 zu zahlen. Hinzu kommen Steuermarken von € 16 pro 4 Seiten Vertrag. Für die Registrierung werden in der Regel drei original unterschriebene Vorverträge benötigt, alle jeweils mit den Steuermarken versehen. Dazu kommt die Besteuerung einer vorvertraglich vereinbarten Anzahlung. Wurde vorvertraglich eine Bestätigungsanzahlung (sog. *caparra*) vereinbart, ist auf diesen Betrag eine Steuer von 0,5 % zahlen. Dieser Steuerbetrag ist allerdings nicht verloren, sondern wird bei der notariellen Eigentumsübertragung auf die zu zahlenden Grunderwerbssteuern angerechnet und stellt somit kein zusätzlicher Kostenfaktor dar.

Wurde dagegen eine Anzahlung (sog. *acconto*) vorvertraglich vereinbart, wird dieser Anzahlungsbetrag mit 3 % besteuert. Ohne jedoch die Möglichkeit zu haben, dass dieser Steuerbetrag später bei der notariellen Beurkundung steuermindernd auf die Grunderwerbssteuer angerechnet wird. In diesem Falle wären die Steuern auf die sog. *acconto* reine Mehrkosten.

6. Grundbuch- und Notarkosten

Grundsätzlich sind die Erwerbsteuern und die Notargebühren im Zeitpunkt des Vertragsabschlusses fällig. Die Rechnungsaufstellung des Notars enthält neben seinem Honorar auch die Erwerbsteuern und sonstigen Kosten, Abgaben und Gebühren. Gegenüber dem Fiskus steht der Notar für die Steuerzahlung in der Haftung. Deswegen muss zeitgleich bei der Abwicklung bereits auch der gesamte Steuerbetrag auf dem Konto des Notars gutgeschrieben worden sein, denn sonst könnte der Notar die Abwicklung verweigern. Deswegen ist es erforderlich vor der notariellen Abwicklung dafür zu sorgen, dass die Steuerberechnung des Notars erfolgt ist.

Die Notare haben bei der Festsetzung ihres Honorars einen gewissen Ermessensspielraum. Je nach Gegenstandswert, Schwierigkeitsgrad und Arbeitsumfang kann die Kostennote von einem Notar zum anderen auch bei gleichem Gegenstandswert variieren, zumal die Notare nicht mehr an die Notargebühren gebunden sind, sondern frei das Honorar vereinbaren können.

Nachfolgend sollen einige Beispiele aufgeführt werden, in welchem Rahmen sich die Notargebühren bewegen können:

Die Notarkosten sind abhängig vom Immobilienwert und ergaben sich aus dem Gesetz D.M. giust. 20.7.2012, Nr. 140 für Notare. Es gibt noch immer Notare, die danach ihre Kosten festlegen.

Nachfolgend sollen einige Beispiele gegeben werden, um sich hinsichtlich der zu erwartenden Notarkosten einen groben Überblick verschaffen bzw. errechnen zu können.

– Bei einem Wert zwischen € 5000 und € 25.000 betragen die durchschnittlichen Notarkosten 7,66 %
– Bei einem Wert zwischen € 25.000,01 und € 500.000 betragen die durchschnittlichen Notarkosten 1,078 %
– Bei einem Wert zwischen 500.000,01 und € 1.000.000 betragen die durchschnittlichen Notarkosen 0,440 %
– Bei einem Wert zwischen € 1.000.00001 und € 3.500.000 betragen die durchschnittlichen Notarkosten 0,210 %
– Bei einem Wert zwischen € 3.500.000,01 und € 5.000.000 betragen die durchschnittlichen Notarkosten 0,140 %

X. Steuern beim Verkauf einer Immobilie

Im Gegensatz zum Erwerb einer Immobilie geht beim Verkauf die Steuerlast ausschließlich zu Lasten des Verkäufers. Beim Verkauf dagegen muss bei einem Gewinn aus der Veräußerung zum Zwecke der Besteuerung des Ertrages unterschieden werden, ob eine natürliche oder juristische Person auf der Verkäuferseite steht. Es können sich die folgenden Besteuerungsmöglichkeiten ergeben.

1. Verkäufer ist eine natürliche Person

Ein Veräußerungsgewinn ist nur dann nicht steuerpflichtig, wenn zwischen dem Erwerb der Immobilie und seiner Veräußerung mehr als fünf Jahre (Spekulationsfrist) vergangen sind. Für die Besteuerung kommt es daher auf den Zeitraum an. Wird diese Fünfjahresfrist überschritten, so muss der Veräußerungsgewinn nicht mehr versteuert werden. Diese Situation gilt sowohl für natürliche Personen (Privatpersonen), die in Italien ihren Wohnsitz haben, als auch solche, die nicht in Italien ansässig sind. Wird allerdings unterhalb der Spekulationsfrist von 5 Jahren veräußert, kommt für nicht in Italien Ansässige eine Pauschalsteuer in Höhe von derzeit 26 % zur Anwendung. Der Verkäufer kann daher beim Verkauf beantragen, dass diese Steuer direkt vom Notar festgesetzt und vom Notar auch direkt an den Staat abgeführt wird.

2. Verkäufer ist eine italienische gewerbliche Gesellschaft oder eine Betriebsstätte eines ausländischen Unternehmens

Der Veräußerungsgewinn, d. h. die Differenz zwischen dem Verkaufspreis und dem Nettobuchwert ist steuerpflichtig, da er Teil des Unternehmensgewinns ist.

XI. Besitz einer Ferienimmobilie

1. Laufende Kosten der Immobilie

In diesem Kapitel soll ein Überblick über die jährlichen Kosten gegeben werden. Unter Umständen kann es günstiger sein, sich etwas anzumieten (gegebenenfalls auch dauerhaft), als Unsummen an Kosten für die Unterhaltung und Erhaltung der Immobilie zahlen zu müssen. Der Aspekt, wie häufig die Immobilie genutzt werden kann, wird sicherlich bei dieser Überlegung eine Rolle spielen. Auch hier gilt wiederum, dass nur von der derzeitigen steuerlichen Rechtslage ausgegangen werden kann. Mit Änderungen muss daher immer gerechnet werden.

1.1. Jährliche Grundsteuer

Geschichtliche Entwicklung:
Seit dem 1. Januar 1993 hat der italienische Fiskus eine neue Steuer eingeführt, die das Vermögen an Immobilien besteuert. Es handelt sich hierbei um die sog. ICI-Steuer (*imposta comunale immobiliare* oder *imposta comunale sugli immobili* genannt). Bei dieser Steuer handelt es sich um eine Abgabe, die der Gemeinde, in der die Immobilie gelegen ist, zugutekam und die unabhängig von der Zweckbestimmung geschuldet ist. Der Wertermittlung der Immobilie erfolgt durch die rechnerische Ermittlung des Katasterwertes, als Grundlage für die ICI-Besteuerung.

Zunächst ist zu erwähnen, dass die ICI-Steuer von allen Immobilieneigentümern geschuldet wird, auch wenn es sich um Gemeinschaftseigentümer handelt. Betroffen von dieser Steuer sind außerdem diejenigen, die ein dingliches Recht an einer Immobilie haben.

Der italienische Fiskus hat dann die ICI-Steuer abgeschafft und dafür die sog. IMU (*Imposta Municipale Unica*) erstmalig für 2012 eingeführt. Mit Gesetz Nr. 160 vom 27.12.2019 (Haushaltsgesetz für 2020) wurden dann nochmals Änderungen vorgenommen, so dass derzeit die IMU und die TARI-Steuer aktuell übrig geblieben sind. Bei der Tari handelt es sich um eine Steuer auf den Müll.

Die Höhe der IMU-Steuer kann durch die einzelnen Gemeinden festgelegt werden und ist auch abhängig davon, ob die Immobilie dem Erstwohnsitz dient oder nicht. Bei einem Erstwohnsitz ist die IMU-Steuer nicht geschuldet. Besteuert werden sodann Wohnungen, die beim Katasteramt in den nachfolgenden Kategorien eingetragen sind: A/1, A/8 e A/9.

Der Fiskus hat den Gemeinden ausdrücklich die Möglichkeit zugestanden, diese Steuer zu erhöhen.

Die festen Steuerfristen sind zwei Mal jährlich jeweils zum 16.6. und zum 16.12. Die Zweitwohnungsbesitzer dürften daher mit wesentlich höheren laufenden jährlichen Kosten zu rechnen haben, die sich unter Umständen sogar verdoppeln können. Die Gemeinden haben zwar die Möglichkeit, mit dieser Steuer die Familien zu entlasten und somit in einem gewissen Rahmen Preispolitik zu gestalten. Diese „Familiennachlässe" gibt es allerdings nur für Erstwohnungsbesitzer, so dass die Zweitwohnungsbesitzer hiervon nicht profieren können.

1.2. Laufende Kondominialskosten

Die Höhe dieser Kosten hängt von der Art der Immobilie ab; sie sind unabhängig davon zu tragen, ob die Ferienwohnung leer steht oder nicht. Das gleiche gilt für die Kosten für Strom, Heizung, Wasser und Gas, die bezahlt werden müssen, auch wenn der Verbrauch letztendlich nicht hoch ist, weil die Ferienimmobilie nur ab und zu genutzt wird.

2. Vermietung der Ferienimmobilie

2.1. Allgemeines

Im nachfolgenden Kapitel soll erörtert werden, was unter fiskalischen Gesichtspunkten zu beachten ist, wenn man beabsichtigt, die Ferienwohnung zu vermieten. Nachfolgende Steuern, die hierbei anfallen können, gehen von dem Sachverhalt aus, dass eine Vermietung stattfindet, die sich nicht nur auf ein paar Wochen im Jahr bezieht. Für diesen Fall gelten die nachfolgenden Ausführungen.

2.2. Immobilien, die vom Eigentümer dauerhaft an Dritte vermietet werden

In diesem Fall werden direkte Einkünfte aus Grundstücken und Gebäuden erzielt, die zu versteuern sind. Basis des zu versteuernden Einkommens ist grundsätzlich die festgelegte Miete, wie sie aus dem Mietvertrag ersichtlich ist. Bemessungsgrundlage für die Steuer ist jedoch der höhere Betrag zwischen der Bruttomiete abzüglich eines Pauschalbetrages von 5 % und dem aufgewerteten Katasterwert. Ist daher mietvertraglich ein Mietzins vereinbart worden, der unter der Katasterrendite liegt, ist diese trotzdem die Grundlage der Besteuerung.

Seit 2011 gibt es die Möglichkeit, die Mieteinnahme separat pauschal besteuern zu lassen, ohne sie zu dem übrigen Einkommen hinzurechnen lassen zu müssen, was unter Umständen das Gesamteinkommen in eine höhere Steuerklasse führen könnte. Die pauschale Besteuerung (sog. *Cedolare secca*) beträgt in diesem Fall 21 % vorausgesetzt, dass es sich bei dem Mietvertrag um einen sogenannten Vertrag mit *canone libero* handelt. Ein Mietvertrag mit „freier Miete" sind die Parteien, d. h. Vermieter und Mieter frei, die Miete und die weiteren Mietbedingungen festzulegen. Einzige gesetzliche Verpflichtung ist die Mietdauer von 4 Jahren, mit Verlängerungsmöglichkeit um weitere 4 Jahre. In den Fällen der sogenannten Mietverträge mit *canone concordato* handelt es sich um ein Mietverhältnis, bei dem die Vertragsparteien den Mietvertrag, die Festlegung der Miete und der weiteren Vertragsbedingungen vor einer Vereinigung der Mieter/Vermieter verhandeln und abschließen. In diesem Fall beträgt die Pauschalbesteuerung nur 10 %. Diese Art der pauschalen Besteuerung ist allerdings nur natürlichen Personen vorbehalten und bezieht sich auf bestimmte Immobilientypen. Es sind dies Objekte, die im Katasteramt mit A 1 bis A 11 eingetragen sind, wobei A 10 (Büro) ausgeschlossen ist.

2.3. Immobilien, die renoviert, saniert oder wiederaufgebaut werden

Die hiervon betroffenen Immobilien haben den Vorteil, dass sie in dieser Phase von der Steuer befreit sind. Erforderlich für die Steuerbefreiung ist, dass Baugenehmigungen, Bewilligungen oder Konzessionen erteilt worden sind. Die Steuerbefreiung gilt bis zum Ablauf der Frist, innerhalb der eine Baugenehmigung verfallen würde. Auf keinen Fall darf in diesem Zeitraum die Immobilie als Wohnung benutzt werden.

2.4. Vermietung zu touristischen Zwecken

Eine weitere Möglichkeit über das Immobilieneigentum ein Einkommen zu erzielen ist die sog. *locazione turistica,* die anderen Regeln folgt als die normale Vermietung. Es handelt sich hierbei um ein Phänomen, das sich in den letzten Jahren sehr in den interessanten touristischen Orten ausgeweitet hat. Das hat sicherlich auch mit der seit Jahren andauernden wirtschaftlichen Situation zu tun, die es für Immobilienbesitzer notwendig gemacht hat, die eigene Immobilie zu behalten und zu nutzen, gleichzeitig aber daraus auch noch ein Einkommen zu erzielen. Gerade in der Hochsaison sind an begehrten Orten schwerlich freie Hotelzimmer oder Appartements zu erhalten, so dass diese Art der Vermietung eine sicherlich interessante Alternativmöglichkeit sowohl für den Touristen als auch für den Eigentümer darstellt.

Auch der ausländische Eigentümer sollte eine solche Vermietung nur in Übereinstimmung mit den italienischen Gesetzen vornehmen, um nicht Steuersanktionen ausgesetzt zu werden. Durch die heutige Vernetzung dürfte es sicherlich kein Problem sein, Mietinteressenten für die eigene Immobilie zu finden.

Nicht zu vergessen ist jedoch, dass auch von der Seite der Finanzverwaltung diese Anzeigen mitgelesen werden können und, sollte die Mieteinnahme nicht ordnungsgemäß in der Steuererklärung angegeben worden sein, können Überprüfungen nicht ausgeschlossen werden. Das gleiche Risiko besteht, wenn die Ferienimmobilie über eine örtliche Agentur zur Vermietung angeboten wird.

Gesetzliche Regelung zur Vermietung von Wohnraum über einen kurzen Zeitraum

Artikel 4 des Gesetzes Nr. 50 von 2017 definiert eine kurze Vermietung diejenigen Verträge, die Wohnraum, gelegen in Italien, nicht länger als für einen Zeitraum von 30 Tagen vermieten. Somit hat der Eigentümer das Recht seine Immobilie ganz oder teilweise für einen kurzen Zeitraum und gegen einen Mietzins zu vermieten.

Interessant ist auch der Aspekt, dass für diese Art der Vermietung keine Registrierung des Mietvertragsverhältnisses vorzunehmen ist, sofern die Vermietung 30 Tage nicht überschreitet. Diese Art der Vermietung sollte jedoch nicht herangezogen werden, um das bestehende Mietgesetz zu umgehen. Es gilt nur für gelegentliche Vermietungen. Was das Angebot von weiteren Dienstleistungen anbelangt, so sieht das oben genannte Gesetz einige Dienstleistungen vor, die der Vermieter, vorausgesetzt es handelt sich um eine natürliche Person, zusätzlich zur Wohnraumvermietung anbieten darf. Es handelt sich hierbei um die Zurverfügungstellung von Bettwäsche und dem Reinigen des Wohnraums.

Ein weiterer Aspekt, den der Vermieter nicht unterschätzen sollte, ist die Verpflichtung den Behörden die Personendaten des Mieters mitzuteilen, unabhängig ob es sich um EU-Bürger oder nicht EU-Bürger handelt.

Hierzu kann man sich im Internet auf der Webseite der *Polizia di Stato* informieren. Diese Verpflichtung ergibt sich aus den Verfügungen und Gesetzen zur öffentlichen Sicherheit.

Antrag einer SCIA

Da es sich bei der Vermietung zu touristischen Zwecken nicht um eine unternehmerische Tätigkeit handelt, ist auch der Antrag einer SCIA (wurde an anderer Stelle ausführlich erörtert) nicht zu stellen, welcher immer vor Beginn einer Tätigkeit einzureichen wäre. Es gibt jedoch unterschiedliche regionale Gesetze, die eine solche Verpflichtung vorsehen, so dass es angebracht ist, sich auch hier im Internet auf der Webseite der Region oder der Gemeinde die notwendigen Informationen einzuholen. Das verhindert, dass man Gefahr läuft, mit irgendwelchen Sanktionen überzogen zu werden. Die Konsultation dieser Webseiten ist auch deshalb wichtig, um zu sehen, ob für den Ort eine sog. *tassa di soggiorno* (Art Kurtaxe) berechnet wird und wie man diese entrichten kann.

Sofern alle bestehenden Normen eingehalten worden sind, darf somit nur noch daran erinnert werden, dass die Mieteinnahme in der Einkommenssteuererklärung des Eigentümers angegeben werden muss. Da es in Italien üblich ist, dass man sich seine Einkommenssteuererklärung, die übrigens seit Jahren nur noch elektronisch eingereicht werden kann, eines Steuerberaters bedient, sollte man seinem Steuerberater, der wohl im Übrigen auch die laufenden Steuerzahlungen errechnet und elektronisch einbezahlen dürfte, entsprechend Meldung über Mieteinnahmen machen.

2.5. Airbnb

Die Vermietung zu touristischen Zwecken kann durch Airbnb erfolgen.

Es handelt sich um einen der berühmtesten Webseiten die Unterkünfte in allen Teilen der Welt anbietet. Dieses Internet-Portal hat einen besonderen Erfolg und wird sehr gerne benutzt. Die Benutzung ist definitiv auch sehr einfach und es besteht die Möglichkeit, in der Echtzeit ein Angebot zu prüfen. Ein Interessent, der seine Immobilie auf dieser Plattform zur Verfügung stellen möchte, muss sich zunächst anmelden (www.airbnb.it).

Die Mitglieder können ihre Wohnung oder nur ein Zimmer davon für eine kurze Zeit an andere Mitglieder vermieten, die ebenfalls bei Airbnb eingetragen sind. Die Abwicklung des Geschäftes, d. h. der Vermietung erfolgt über die Plattform von Airbnb, welche für ihre Tätigkeit eine Provision erhält. Die gesamte Abwicklung der Zahlung erfolgt ebenfalls über die Plattform von Airbnb. Streitig ist in Italien noch immer, wie die Abwicklung der zu zahlenden Steuern zu erfolgen hat. Hierbei wurden verschiedentlich bereits die Gerichte bemüht und eine höchstrichterliche Entscheidung steht noch aus.

3. Besteuerung von Mietverträgen

Bei der Besteuerung von Immobilien ist noch die Steuer zu erwähnen, die dann anfällt, wenn die Immobilie vermietet ist. Hierzu gibt es drei Möglichkeiten:
– Registersteuer,
– Mehrwertsteuer,
– Stempelmarken auf dem Mietvertrag.
In Italien müssen sämtliche Mietverträge registriert werden. Zweck der Registrierung ist die Besteuerung und die Steuerbehörde bekommt Kenntnisnahme vom Vorhandensein des Mietvertrages sowie der Miethöhe. Schon der Mietvertrag selbst muss mit einer Stempelsteuer versehen werden, die bei standardisierten Mietverträgen mit vier Seiten € 16,00 beträgt. Zumindest eine Kopie des Mietvertrages ist für das Registerbüro bestimmt. Bei Vermietung zwischen Privatpersonen ist die Registersteuer fällig. Diese beträgt 2 % jährlich. Die Registersteuer ist innerhalb des 30. Tages des Monats, in dem der Vertrag abgeschlossen wird, zu bezahlen.

Im Einzelnen sind bei Mietverträgen folgende Punkte zu beachten:

(a) Sowohl der Vermieter als auch der Mieter sind verpflichtet, den Mietvertrag zur Registrierung anzumelden, ausreichend ist es jedoch, wenn einer von beiden die Registrierung vornimmt. Gegenüber dem Fiskus haften jedoch beide gemeinschaftlich. In der Regel werden diese jährlichen Kosten zwischen Mieter und Vermieter aufgeteilt.

(b) Wird im Mietvertrag die Zahlung einer Kaution vereinbart, so wird dieser Betrag mit einer Steuer von 0,50 % belegt, aber nur dann, wenn ein Dritter, d. h. nicht die Vertragsparteien des Mietvertrages, die Kaution bezahlt. Zahlt dagegen der Mieter die Kaution, dass muss er diese Registersteuer auf die Kaution nicht bezahlen.

(c) Die Registrierung der Mietverträge muss innerhalb einer Frist von 20 Tagen ab dem Datum des Vertragsabschlusses erfolgen.

(d) Die Registrierung erfolgt bei dem zuständigen „ufficio del registro" (Registerbüro) unter Vorlage von zwei Kopien des Mietvertrages sowie unter Abgabe des entsprechenden Formulars, das für die Abgabe der Steuern erforderlich ist.

(e) Wird die Registrierung des Mietvertrages unterlassen oder die Steuern hierfür verspätet gezahlt, drohen empfindliche Geldbußen. Bei unterlassener Registrierung sind dies Geldstrafen, die bis zur dreifachen Höhe des hinterzogenen Steuerbetrages liegen können. Erfolgt die Registrierung verspätet, aber nicht später als 30 Tage, können diese Geldstrafen bis auf ein Viertel ermäßigt werden. Wird versucht, einen niedrigeren Steuerbetrag zu zahlen als der eigentlich geschuldete, so drohen Geldbußen, die bezogen auf die Steuerdifferenz vier bis acht Mal höher liegen können. Ebenso mit Geldbußen belegt ist das Weglassen des Datums im Mietvertrag.

(f) Die Verpflichtung zur Steuerzahlung obliegt beiden Vertragsparteien zu gleichen Teilen. Ist dagegen eine Vertragspartei der Staat selbst, obliegt es der anderen Vertragspartei, die gesamte Steuer zu bezahlen.

(g) Quittungen, die für erhaltene Mieten vom Vermieter an den Mieter erteilt werden (dieser hat einen Anspruch hierauf, sofern er dies möchte), sind mit einer Stempelsteuer (*marca da bollo*) zu versehen.

Weitere Besonderheiten, auf die nicht eingegangen werden kann, sind die Fälle, in denen vorzeitig vom Mietvertrag (vor dessen festgelegter Mietdauer) zurückgetreten wird, sowie die Mietverträge von kurzer Dauer, deren Mietzins eine bestimmte Höhe nicht übersteigt.

4. Versicherungen

Vom italienischen Gesetzgeber zwangsweise vorgeschriebene Versicherungen auf Immobilien gibt es nicht. In der Regel hat jedoch gerade bei Komplexen mit mehreren Eigentumswohnungen eine verantwortungsbewusste Verwaltung dafür gesorgt, dass die Eigentümergemeinschaft versichert ist, gerade in Fällen, bei denen durch das Kondominium Dritten ein Schaden zugefügt werden könnte. Versicherungen dieser Art können außerdem auch vorsehen, dass auch die Schäden, die ein Eigentümer einem anderen zufügt, abgedeckt sind. Es handelt sich hierbei um Wasserschäden (z. B. ein Wasserrohrbruch in einer Wohnung, der Schäden in der darunter liegenden Wohnung verursacht).

In Fällen, bei denen eine Bank eine Finanzierung für den Erwerb gewähren soll, wird diese meist vor Abschluss des notariellen Kaufvertrages von der Bank gefordert, dass die Immobilie gegen gewisse Risiken abzusichern ist, so u. a. auch gegen Brand und Explosionsgefahr.

Für den einzelnen Eigentümer ist es daher auf jeden Fall wichtig zu wissen, welchen Versicherungsschutz die Eigentümergemeinschaft bietet, damit er durch den Abschluss eines Versicherungsvertrages die Lücke des fehlenden Versicherungsschutzes individuell schließen kann.

Werden aber Dritten durch die Immobilie Schäden zugefügt (z. B. Wasserschaden durch eine übergelaufene Badewanne oder defekte Waschmaschine), müssten für diese Schäden die Haftung übernommen werden. Sollte daher keine eigene Haftpflichtversicherung oder ähnliches vorliegen, die den Schaden abdeckt, wäre dieser Schaden aus eigener Tasche zu bezahlen.

XII. Erbschaften und Schenkungen

1. Allgemeines

Im vorliegenden Kapitel soll in wenigen Grundzügen angesprochen werden, was der italienische Gesetzgeber hinsichtlich Erbschaften und Schenkungen gerade in Bezug auf Immobilien regelt. Auch wenn die in Italien gelegene Immobilie ausländischen Eigentümern gehört, wie z. B. deutschen Staatsbürgern, dürfen die italienischen Vorschriften nicht außer Acht gelassen werden.

Gerade die Situation, dass eine Immobilie vererbt oder verschenkt werden soll, gehört zu den alltäglichsten Vorkommnissen, die auch vor Grenzen nicht Halt machen.

Den deutschen Eigentümer einer Immobilie in Italien dürfte es daher sicherlich interessieren, wie die Rechtslage ist, wenn seine Immobilie verschenkt werden soll oder gar in seinen Nachlass fällt.

2. Schenkungen

Artikel 769 des italienischen Codice Civile definiert die Schenkung als einen Vertrag, durch den eine Partei freiwillig eine andere Partei bereichert, indem sie ein ihr gehörendes Recht überträgt oder eine Verbindlichkeit übernimmt. Die Schenkung ist ein formgebundener Vertrag, der öffentlich sein muss, d. h. von einem Notar abzufassen ist, da er ansonsten nichtig wäre. Im Zeitpunkt der Vertragsunterzeichnung müssen neben den Vertragsparteien auch Zeugen gegenwärtig sein.

Die durch Schenkung übertragenen Güter, gleichgültig ob es sich um bewegliche oder unbewegliche Güter handelt, müssen immer durch öffentlichen Vertrag (Notar) übertragen werden. Das gleiche gilt auch für die Annahme der Schenkung durch den Beschenkten.

Um schenken zu können, ist die volle Geschäftsfähigkeit erforderlich. Diese liegt nicht bei Minderjährigen, Entmündigten und Geschäftsunfähigen vor. Eine Ausnahme gibt es lediglich bei Schenkungen aufgrund Eheschließung.

3. Erbrecht

3.1. Deutsches Erbrecht

Nachfolgend sollen zunächst ein paar Grundzüge aus dem deutschen Erbrecht erklärt werden.

Die Regelung des deutschen Erbrechts ergibt sich aus den §§ 1922 ff. des BGB. Danach geht mit dem Tode einer Person sein Vermögen (aktives und passives) auf die Erben über. Erbe kann nur werden, wer zur Zeit des Erbfalls selbst lebt.

Soweit der Erblasser keine Verfügungen hinsichtlich seines Vermögens getroffen hat, kommt die gesetzliche Erbfolge zur Anwendung. Erben erster Ordnung sind gemäß § 1924 BGB die Abkömmlinge des Verstorbenen. Das Gesetz regelt die Rangordnungen bis zur fünften und noch ferneren Ordnungen.

Wenn eine Erbschaft einmal angenommen worden ist, kann sie nicht mehr ausgeschlagen werden. Die Annahme der Erbschaft bewirkt, dass der Annehmende endgültig Erbe wird und das Recht verliert, die Erbschaft auszuschlagen. Für die Ausschlagung hat der Gesetzgeber eine Frist von sechs Wochen vom Zeitpunkt der Kenntnisnahme des Erbfalls vorgesehen. Die Frist zur Ausschlagung verlängert sich auf 6 Monate, wenn der Erblasser seinen letzten Wohnsitz nur im Ausland gehabt hat oder wenn sich der Erbe bei dem Beginn der Frist im Ausland aufhält.

Die Ausschlagung hat durch Erklärung gegenüber dem Nachlassgericht in öffentlich beglaubigter Form, durch Niederschrift beim Nachlassgericht oder bei einem Notar zu erfolgen.

Mit dem Erbfall geht nicht nur das Vermögen eines Erblassers auf den oder die Erben über, sondern auch dessen Verbindlichkeiten. Je nach Vermögenslage kann daher eine Ausschlagung der Erbschaft wirtschaftlich sinnvoll sein, gerade dann, wenn die Schulden das Aktivvermögen übersteigen.

Um eine Erbschaft antreten zu können, ist in der Regel ein Erbschein erforderlich, der von dem Erben beim Nachlassgericht zu beantragen ist (§ 2353 BGB). Das gleiche Erfordernis stellt der Gesetzgeber auch an die gesetzlichen Erben, die eine Reihe von Angaben machen müssen, die aus § 2354 BGB zu entnehmen sind. Möglich ist auch die Beantragung eines gemeinschaftlichen Erbscheins. Bei Vorhandensein von Vermögen im Ausland sollte die Beantragung eines Europäischen Nachlasszeugnisses in Erwägung gezogen werden.

3.2. Italienisches Erbrecht

Wie das deutsche Erbrecht sieht auch das italienische Erbrecht vor, dass das Vermögen des Erblassers auf seine Erben übergeht. Wer Erbe ist, ergibt sich entweder aufgrund der gesetzlichen Erbfolge oder aufgrund eines Testamentes, d. h. durch gewillkürte Erbnachfolge durch den Erblasser. Das Testament kann handschriftlich, öffentlich, – das heißt abgefasst vor einem Notar, in Gegenwart von Zeugen – und auch geheim sein. Die Erbfolge ist auch nach italienischem Recht an eine Rangordnung gebunden.

Erbnachfolgeantrag

Besitzen Ausländer Immobilien in Italien, wird bei deren Tode sowohl das Erbschaftssteuerrecht des Heimatstaates als auch das des italienischen Staates zu berücksichtigen sein. Ausländische Erben müssen daher, wenn der Eigentümer der italienischen Immobilie verstorben ist, einen Erbnachfolgeantrag (sog. *dichiarazione di successione*) erstellen, in dem detailliert aufgeführt wird, wer Erbe ist, woraus sich diese Erbenstellung ergibt (gesetzliche Erbnachfolge oder gewillkürte Erbnachfolge durch Testament). Das einmal so errichtete Formular der Erbnachfolgeerklärung, versehen mit allen erforderlichen Unterlagen, sowie der genauen Auflistung der Erben mit deren persönlichen Daten, einschließlich der jeweiligen italienischen Steuernummern (*codice fiscale*), ohne die die Erklärung nicht angenommen werden würde, ist sodann an das zuständige Registerbüro nach Rom zu senden, sofern der Erblasser nicht in Italien ansässig war. Im Falle der Ansässigkeit in Italien wäre das Registerbüro des letzten Wohnsitzes des Verstorbenen örtlich zuständig. Andernfalls ist Rom zentral für alle Erbnachfolgeerklärungen, wo der Verstorbene nicht in Italien ansässig war, örtlich zuständig.

Die Meldefrist zur Abgabe der Erbnachfolgeerklärung muss eingehalten werden. Die Frist beträgt ein Jahr ab dem Todestag. Sollte diese Jahresfrist verstrichen werden, kann man zwar die Erbnachfolgeerklärung trotzdem noch einreichen, aber das verspätete Einreichen führt dazu, dass für die zu zahlenden Steuern ein Strafaufschlag von 30 % berechnet wird. Ausreichend ist, dass nur ein Erbe dieses Formular unterschreibt, aber alle anderen Erben müssen komplett aufgeführt werden. Dies kann im Streitfall unter den Erben sogar dazu führen, dass jemand, ohne es zu wissen und zu wollen, als Miteigentümer aufgrund Erbnachfolge in die Immobilienregister eingetragen wird. Dies setzt aber voraus, dass der mit der Abfassung der Erbnachfolge befasste Erbe den *codice fiscale* und dessen genaue persönlichen Daten, von dem nicht informierten Erben hatte und dass er zunächst auch den Anteil der Steuern, die für die Übertragung anfallen, mit übernehmen muss.

Inhalt der Erbnachfolgeerklärung

Die Daten der in den Nachlass gefallenen Immobilie ist die Grundlage für die Besteuerung der Erbschaftssteuer. Aus der Erbnachfolgeerklärung ergeben sich sodann auch die weiteren Vermögenswerte des Erblassers, die aufzulisten sind. Dies können Bankguthaben oder ähnliches sein. Sollte daher Konto- oder Depotguthaben bei einer italienischen Bank vorhanden sein, so ist bei der Bank des Erblassers ein Beleg von der Bank anzufordern, aus dem sich der Kontostand zum Todestag ergibt. Dieser Kontoauszug ist der Erbnachfolgerklärung als Anlage einzufügen. Sobald die Bank von dem Tode des Erblassers Kenntnis erhält, sperrt sie in der Regel automatisch das Konto. Oft ist es auch mühsam, von der Bank den erforderlichen Beleg über den Kontostand zum Todestag zu erhalten, der zwingend der Erbnachfolgeerklärung beizufügen ist.

Über das Guthaben auf dem oder der Konten können die Erben erst dann verfügen, wenn eine beglaubigte Abschrift der Erbnachfolgeerklärung von dem zuständigen Registerbüro zurückkommt, was in der Regel zwischen 2–4 Monate dauern kann. In der Regel müssen die Erben dann gemeinsam bei der Bank erscheinen, um vorhandenes Guthaben aufzuteilen.

Mit Einreichung der Erbnachfolgeerklärung muss auch die Quittung über die bezahlten Übertragungssteuern den Unterlagen beigefügt werden, die korrekt zu errechnen sind. Denn die Umschreibung des Eigentums auf die Erben ist nicht gebührenfrei, sondern hierfür sind Steuern und Abgaben zu entrichten. Ohne diese Zahlung ist eine Umschreibung auf die Erben nicht möglich.

In der Regel ist es für einen Ausländer nur sehr schwer möglich, selbst die Abfassung der Erbnachfolgeerklärung zu erstellen, da er weder weiß welche Unterlagen beizubringen sind noch, wo diese zu erhalten sind.

Nachdem das zuständige Registerbüro den eingereichten Antrag auf seine Vollständigkeit und Korrektheit geprüft hat, wird eine Art Quittung übersandt, mit der dann innerhalb einer gesetzten Frist (30 Tage) die Umschreibung der neuen Eigentümer bei dem Katasteramt stattzufinden hat. Das wird in der Regel entweder von einem Geometer ausgeführt oder sollte ein Notar mit der Abfassung der Erbnachfolgeerklärung befasst worden sein, beauftragt dieser einen Geometer mit der Umschreibung. Es gibt aber auch die Möglichkeit, gegen eine kleinere Gebühr auf dem Formular anzukreuzen, dass die Behörde direkt die Umschreibung veranlasst, ohne dass der Zwischenschritt durch einen Geometer erforderlich wird.

3.3. Erbschafts- und Schenkungssteuern

Ende 2001 (25.10.2001) wurde die Erbschaftssteuer zunächst von der Regierung Berlusconi vollkommen abgeschafft. Das gleiche gilt für die Schenkungssteuer, aber nur bis zum vierten Verwandtschaftsgrad (Cousin/Cousinen). Dann hatte allerdings die Regierung Prodi, die danach an die Macht kam, ihr Wahlversprechen eingelöst und die abgeschaffte Erbschafts- und Schenkungssteuer wieder eingeführt und seitdem kommen die nachfolgenden Steuersätze bei Erbschaften und Schenkungen zur Anwendung:

3.3.1. Beim Vererben und Verschenken zugunsten von Ehegatten und Verwandten in direkter Linie (Kinder) erhält jeder Begünstigte dieses Personenkreises einen Steuerfreibetrag von € 1.000.000. Alles über den Steuerfreibetrag hinausgehenden Betrag ist mit 4 % zu versteuern.

3.3.2. Bei Übertragungen auf Geschwister beträgt der Steuerfreibetrag € 100.000. Alle Beträge, die über diesem Steuerfreibetrag liegen, sind mit 6 % zu versteuern.

3.3.3. Bei Übertragungen auf sonstige Verwandtschaft bis zum vierten Grad entfällt der Freibetrag. In diesen Fällen ist die Erbschaft oder Schenkung mit 6 % zu versteuern.

3.3.4. Bei allen anderen Übertragungen durch Schenkung oder Erbschaft, die nicht unter eine der oben aufgeführten Fälle fällt, ist die Übertragung im Erbschafts- oder Schenkungsfalle mit 8 % zu versteuern.

3.3.5. Bei Übertragungen an behinderte Personen gibt es einen allgemeinen Freitag von € 1.500.000.

Unberührt davon bleiben allerdings die Steuern, die für die Umschreibung einer Immobilie, im Falle einer Schenkung oder Vererbung zu zahlen sind. Es handelt sich hierbei um die Hypothekarsteuer in Höhe von 2 % und die Katastersteuer in Höhe von 1 %, bezogen auf den Katasterwert. Liegen allerdings die Voraussetzungen für die Umschreibung als Erstwohnsitz (*prima casa*) vor, kämen die beiden vorgenannten Steuern als Fixsteuer mit jeweils € 200,00 zur Anwendung.

XIII. Besteuerung von italienischen Ferienimmobilien in Deutschland im Schenkungs- oder Erbschaftsfall

Das deutsche Finanzamt interessiert sich auch für das Vermögen, das sich im Ausland befindet und in Deutschland ansässigen Bürgern gehört. Es droht deshalb eine doppelte Besteuerung, nämlich auf der einen Seite durch den italienischen Fiskus, weil in Italien sich das Vermögen befindet und auf der anderen Seite durch den deutschen Fiskus, weil der Begünstigte in Deutschland ansässig ist. Um eine doppelte Besteuerung zu vermeiden, gibt es, wie auch mit anderen Ländern, zwischen Italien und Deutschland, ein zwischenstaatliches Abkommen über die Vermeidung der Doppelbesteuerung, abgekürzt Doppelbesteuerungsabkommen oder noch kürzer DBA genannt. Für die Frage, wer besteuern darf, ist dieses Doppelbesteuerungsabkommen maßgeblich. Es bezieht sich auf die Steuern von Einkünften und von Vermögen. Nicht geregelt ist hingegen die Vermeidung der doppelten Besteuerung bei Erbschaften und Schenkungen. Für diesen Bereich existiert zwischen Deutschland und Italien kein Abkommen zur Vermeidung der doppelten Besteuerung.

1. Fällt eine deutsche Einkommensteuer für die Einkünfte aus der Vermietung der italienischen Ferienimmobilie an?

Das Doppelbesteuerungsabkommen sieht vor, dass der italienische Fiskus die Einkünfte aus der Vermietung oder Verpachtung der italienischen Ferienimmobilie besteuern darf. Der deutsche Fiskus darf dagegen diese Einkünfte nicht in die Bemessungsgrundlage der deutschen Einkommensteuer einbeziehen. Es handelt sich dabei um die sogenannte Freistellungsmethode der Einkünfte aus Italien. Nach früherer steuerrechtlicher Lage galt hier noch der Progressionsvorbehalt. Praktisch gesehen bedeutete dies, dass Italien allein diese Einkünfte aus der Vermietung und Verpachtung besteuern durfte, der deutsche Fiskus jedoch das Recht hatte, bei den deutschen Einkünften des deutschen Steuerpflichtigen den Steuersatz anzuwenden, der auf das Einkommen des Steuerpflichtigen entfallen würde, wenn die Auslandseinkünfte hinzugerechnet würden (sogenannter Progressionsvorbehalt).
Der Europäische Gerichtshof hat allerdings am 21.2.2006 entschieden, dass die deutsche Regelung, wonach zwar der Gewinn aus Vermietung ausländischer Immobilien steuerrechtlich berücksichtigt wird, nicht aber der Verlust, gegen europäisches Gemeinschaftsrecht verstößt.

Dieser Entscheidung des Europäischen Gerichtshofs wurde in Deutschland dann durch § 32 b des Einkommensteuergesetzes Rechnung getragen. Die Regelung besagt nun, dass der Progressionsvorbehalt unter anderem auf Tatbestände der Vermietung oder der Verpachtung von unbeweglichem Vermögen keine Anwendung mehr findet. Praktisch ist dies damit das Ende des Progressionsvorbehalts für die hier in Frage kommenden Fälle.

2. Versteuerung des Veräußerungsgewinnes?

Veräußerungsgewinne aus dem Verkauf einer italienischen Ferienimmobilie ist nur dann zu versteuern, wenn der Verkauf innerhalb der Spekulationsfrist von 5 Jahren erfolgt. Danach wäre in Italien der Gewinn steuerfrei. Ist ein Veräußerungsgewinn an die italienische Steuerbehörde abzuführen, so kann dies direkt beim Verkauf vorgenommen werden, indem der Notar den Gewinn aus dem Verkauf direkt an das Finanzamt abführt. Es ist pauschal eine Steuer von 26 % (bis zum 31. Dezember 2019 war der Pauschalbetrag 20 %) auf den Gewinn zu bezahlen.

3. Deutsche Erbschaft- und Schenkungsteuer?

Erben sind aufgrund der deutschen Gesetze verpflichtet, deutsche Erbschaft- und Schenkungsteuer auch auf in Italien befindliches Vermögen, das vererbt oder verschenkt wird, zu bezahlen. Außerdem sind sie verpflichtet, dem deutschen Finanzamt Mitteilung über eine erfolgte Erbschaft zu machen. Eventuell in Italien gezahlte Erbschaft- oder Schenkungsteuer kann aber auf die in Deutschland entsprechend zu zahlenden Steuern angerechnet werden.

In der Praxis ist die Handhabung in der Regel dann meist so, dass das deutsche Finanzamt die bezahlten Steuern für eine Schenkung oder Erbschaft in Italien, in Deutschland anrechnet. Es wäre dann besonders zu kontrollieren, wie diese Anrechnung tatsächlich erfolgt, da auch die Berechnungsgrundlage für die Errechnung der Schenkungs- und Erbschaftssteuer unterschiedlich ist. In Italien wird als Berechnungsgrundlage der, teilweise bedeutend niedrigere Katasterwert herangezogen, in Deutschland ist die Bemessungsgrundlage jedoch der höhere Verkehrswert.

XIV. Hilfreiche Kontakte/Erste Anlaufstellen

1. Adressen

Doris Reichel
    Avvocato/Rechtsanwältin
    Studio Legale Reichel
    Via Roncaglia, 14 I, 20146 Milano (Italien)
    Tel.: +39 02 49 86 881
    Gotthardstrasse 26, 6300 Zug (Schweiz)
    Tel.: +41 41 62 20 31 5
    E-Mail: info@avvocato-reichel.com
    Homepage: www.avvocato-reichel.com

Botschaft der Italienischen Republik
    Hiroshimastraße 1, 10785 Berlin
    Tel. 030-25 44 00, Fax 030-25 440 -116
    E-Mail: iicberlino@esteri.it
    www.botschaft-italien.de

Generalkonsulat
    Feldbrunnenstr. 54, 20148 Hamburg
    Tel. 040/414007-0, Fax 040/414007/39

Generalkonsulat
    Hiroshimastr. 1–7, 10785 Berlin
    Tel. 030/261159-1/2/3, Fax030/2628590

Generalkonsulat
    Universitätsstr. 81, 50931 Köln
    Tel. 0221/40087-0, Fax 0221/4060350

Generalkonsulat
    Kettenhofweg 1, 60325 Frankfurt/Main
    Tel. 069/7531-0, Fax 069/7531104

Generalkonsulat Hannover
Freundallee 27, 30173 Hannover
Tel. 0511/28379-0, Fax 0511/2837930

Generalkonsulat
Markt 17, 04109 Leipzig
Tel. 0341/678-9000, Fax 0341/678-8102

Generalkonsulat
Möhlstr. 3, 81675 München
Tel. 089/4180030, Fax 089/477999

Generalkonsulat
Lenzhalde 46, 70192 Stuttgart
Tel. 0711/2563-0, Fax 0711/2563136

Konsulat
Goebenstr. 14, 44135 Dortmund
Tel. 0231/57796-0, Fax 0231/5779642

Konsulat
Augustinerplatz 2, 79098 Freiburg im Breisgau
Tel. 0761/38661-0, Fax 0761/3866161

Konsulat
Ludwigsplatz 7, 66117 Saarbrücken
Tel. 0681/92566666, Fax 0681/92566667

Konsulat
Lorenzer Platz 3A, 90402 Nürnberg
Tel. 0911/2022239, Fax 0911/243833

Botschaft der Bundesrepublik Deutschland
Via San Martino della Battaglia, 4 00185 Roma
Tel. (0039 06) 49 21 31, Fax (0039 06) 49 21 33 20
www.rom.diplo.de
info@rom.diplo.de

Generalkonsulat der Bundesrepublik Deutschland
   Via Solferino, 40 20121 Milano
   Tel. (0039 02) 623 11 01, Fax (0039 02) 655 42 13
   www.mailand.diplo.de
   info@mailand.diplo.de

Generealkonsulat der Bundesrepublik Deutschland
   Largo F. Torraca 71, 80133 Napoli
   Tel. (0039 081) 2488511, Fax (0039 081) 761 4687
   www.neapel.diplo.de
   info@neapel.diplo.de

Camera di Commercio Italo-Germanica
   Deutsch-italienische Industrie- und Handelskammer
   Via Gustavo Fara 26, 20124 Milano
   Tel. (0039 02) 67913 1, Fax (0039 02) 6698 0964
   www.ahk-italien.it
   info@ahk.it

Italienische Handelskammer für Deutschland e. V.
   Corneliusstraße 18, 60325 Frankfurt/Main
   Tel: +49(0)69/971452-10, Fax: +49(0)69/971452-99
   E-Mail: info@ccig.de Internet: itkam.de

2. Deutsche Schutzvereinigung Auslandsimmobilien e. V.

Damit Sie auf der sicheren Seite sind!

Der Immobilienkauf und -besitz in Italien ist eine sichere Angelegenheit, wenn Sie denn gut beraten sind. Wer allerdings auf eigene Faust und ohne die notwendigen sprachlichen und rechtlichen Kenntnisse loslegt, darf sich nicht über Geldverlust wundern. Auch die Einstellung, dass es schon gut gehen werde, ist schon fast eine Garantie für Geldverlust. Damit Sie diese Risiken vermeiden und die Immobilie nach dem Kauf in aller Ruhe genießen können, haben Sie mit der Deutschen Schutzvereinigung Auslandsimmobilien e. V. den richtigen Ansprechpartner und Berater.

Ideale Kombination von aktueller Information und anwaltlicher Beratung

Im Rahmen einer Mitgliedschaft erhalten Sie die ideale Kombination von aktueller Information und spezialisierter anwaltlicher Beratung für Frankreich, Italien und Spanien ohne zusätzliche Gebühren. Der jährliche Mitgliedsbeitrag beträgt 215 Euro. Für Fragen rufen Sie einfach an: 0761/55012, oder Sie schicken uns eine E-Mail: info@dsa-ev.de. Die DSA ist nur den Mitgliedern verpflichtet, so dass eine unabhängige anwaltliche Beratung und Information gewährleistet ist. Die Kündigung der Mitgliedschaft ist schriftlich mit einer Kündigungsfrist von 3 Monaten jeweils zum Jahresende möglich.

Verzichten Sie darauf, im Ausland teures Lehrgeld zu bezahlen. Investieren Sie lieber in die Mitgliedschaft. Dann werden Sie besonders viel Freude an Ihrer Immobilie haben.

www.dsa-ev.de

Informationen über die DSA finden Sie auch im Internet, dazu ein Online-Lexikon mit vielen Stichworten zum Thema Auslandsimmobilien, ebenso ein elektronisches Antragsformular für die Mitgliedschaft.

Webinare

Wir bieten zum Thema Immobilienkauf auch Webinare an. Termine finden Sie unter www.dsa-ev.de. Wir erläutern Ihnen die wichtigsten rechtlichen und praktischen Gesichtspunkte beim Kauf einer Immobilie.

Antrag auf Mitgliedschaft

per Fax: 0761/55013 oder per Post an

DSA e. V.
Zähringerstraße 373
79108 Freiburg

Name, Vorname: ....

Straße: ....

PLZ, Ort: ....

Antrag auf Mitgliedschaft – Beitrittserklärung zur DSA e. V. –
bitte ankreuzen:

o   Ja, ich möchte der Deutschen Schutzvereinigung Auslandsimmobilien e. V.
    beitreten (Jahresbeitrag 215,– bei Beitritt im IV. Quartal gilt der Beitrag
    auch für das folgende Jahr). Die Kündigung der Mitgliedschaft ist schrift-
    lich mit einer Kündigungsfrist von 3 Monaten jeweils zum Jahresende
    möglich.

....

Ort, Datum   Unterschrift

Nach erfolgter Anmeldung haben Sie ein vierzehntägiges Rücktrittsrecht und können innerhalb dieser Frist ohne Angabe von Gründen die Mitgliedschaft schriftlich
stornieren. Zur Fristwahrung genügt die rechtzeitige Absendung. Das gesetzliche
Widerrufsrecht erlischt aber dann vorzeitig, wenn Sie als neues Mitglied vor Ablauf
der Frist die Beratung der DSA in Anspruch genommen haben (§ 312d III BGB).

Stichwortverzeichnis